SOCIAL ENGINEERING
Analisi delle metodologie di attacco
e delle tecniche di difesa

Vincenzo G. Calabrò

SOCIAL ENGINEERING
Analisi delle metodologie di attacco
e delle tecniche di difesa

Autore: Vincenzo G. Calabrò

2013 © Lulu Editore

ISBN 978-1-291-27599-5

Gennaio 2013 Prima edizione

Distribuito e stampato da:
Lulu Press, Inc.
3101 Hillsborough Street
Raleigh, NC 27607
USA

Introduzione

L'avvento di Internet e della globalizzazione della rete degli ultimi decenni ha fatto si che parte della nostra vita, delle nostre esperienze e del nostro sapere più intimo fosse preda del "cyberspazio", e quindi di tutto ciò che questo comporta. Viviamo in un mondo in cui parte della nostra esistenza (circa 8 anni) è passato di fronte ad un computer e su internet, con il quale interagiamo, convinti di essere totalmente padroni della nostra fetta di mondo virtuale. Siamo sicuri del nostro hardware, del nostro firewall, del nostro antivirus, del nostro sistema operativo.

Ma come la storia ci ha ben insegnato: "Si possono investire milioni di dollari per i propri software, per l'hardware delle proprie macchine e per dispositivi di sicurezza all'avanguardia, ma se c' è anche solo un unico dipendente della nostra azienda che può essere manipolato con un attacco di ingegneria sociale, tutti i soldi investiti saranno stati inutili ." Kevin Mitnick

L'ingegneria sociale è quel ramo della sicurezza informatica che si occupa di carpire e ottenere informazioni sensibili manipolando la mente e il comportamento di chi ne ha custodia. Come ben sappiamo la sicurezza informatica non è né un'affermazione né un punto d'arrivo; ma semplicemente un processo. L'ingegneria sociale da sola è una tecnica che, come detto sopra, mira a sottrarre informazioni sensibili. Basterebbe già questo a classificarlo come "attacco estremamente pericoloso"; ma in realtà un buon attacco di sicurezza informatica può anche essere una buona commistione di tecniche informatiche e psicologiche, e quindi l'ingegneria sociale potrebbe essere utilizzata per una parte dell'attacco, a cui affiancare un altra tecnica.

Se si dovesse inquadrare l'ingegneria sociale all'interno del processo di un generico attacco informatico si potrebbe rappresentarla così:

Figura 1: L'ingegneria sociale all'interno del processo d'attacco.

Si noti infatti che l'ingegneria sociale possiede una funzione bivalente:

Percorso 1: possiamo utilizzarla per saltare tutta la parte di cosiddetto cracking vero e proprio e arrivare direttamente ai risultati; che a loro volta sono utilizzati per ripete il ciclo e ottenere ulteriori informazioni sempre più rilevanti;

Percorso 2: possiamo utilizzarla per saltare tutta la parte di cosiddetto cracking vero e proprio e arrivare direttamente ai risultati; che quindi possono diventare subito gli obbiettivi prefissi;

Non esiste la sicurezza totale ma la sicurezza di un sistema informatico è solo una buona mediazione tra tutte le possibili controffensive e precauzioni che si possono adottare. Ma perché mediazione? Mediazione perché vale comunque il principio tanto caro alla politica del: "un colpo al cerchio e uno alla botte". É inutile installare un potentissimo antivirus che non lascia scampo a niente e nessuno, neanche ai miei dati di cui faccio richiesta; dovrò abbassare un po' la guardia per permettere alle informazioni di fluire regolarmente. Ed è proprio lì che entra in azione l'ingegnere sociale. Possiamo dare tante altre definizioni di ingegneria sociale ma quasi tutte coincidono e si accomunano nel processo di manipolazione o influenzamento della psiche umana vera, potentissima, arma dell'ingegnere sociale.

Ma perché l'essere umano come vittima? perché l'essere umano è un'animale che prova emozioni e stati d'animo: paura, senso di colpa, compassione, interesse, amore, affetto, tristezza ecc. Le emozioni e gli stati d'animo possono alterare la percezione della realtà di un individuo e questo comporta un bug, una falla nella personalità dell'essere umano che, attraverso varie tecniche e tipologie d'attacco, può essere sfruttata e manipolata per estorcere e carpire informazione sensibili che mai e poi mai dovremmo essere in grado di conoscere.

0.1 Chi è l'ingegnere sociale?

L' ingegnere sociale è prima di tutto un hacker, quindi è una persona che si impegna nell'affrontare sfide intellettuali per aggirare o superare creativamente le limitazioni che gli vengono imposte, non limitatamente ai suoi ambiti d'interesse, ma in tutti gli aspetti della sua vita. È una persona curiosa di sapere quello che gli viene nascosto o proibito, e di superare i limiti che queste proibizioni comportano. Il suo scopo principale è conoscere e scoprire, informare e divulgare e il suo intento non è mai distruttivo né dannoso.

Questo personaggio, e in modo particolare la figura dell'ingegnere sociale, non è necessariamente un guru o super esperto di informatica. Può anche essere una persona sufficientemente acuta e abile nel manipolare il carattere umano o semplicemente capace di utilizzare la più potente arma di questo settore della sicurezza informatica: mentire.

In sostanza al contrario di come gli stereotipi dipingano gli hacker come ragazzi asociali, grezzi e non curati nella stile di vita, chiunque potrebbe possedere le caratteristiche per interpretare colui che di lì a poco vi utilizzerà come vittima per il proprio attacco. Questo proprio perché la psicologia che sta alla base del convincimento e dell'influenzamento della persona passa proprio per capacità come: fingersi un'altra persona, mascherare le proprie emozioni, impersonificare autorità o cariche autorevoli, fingere stati d'animo. Queste caratteristiche fanno si che l'attaccante possa nascondersi ed essere

chiunque: dal tuo amico, al tuo collega d'ufficio; dal tuo superiore al tuo
vicino di casa. Probabilmente tutti nella vita, almeno una volta, sono stati
vittima e autori di un attacco di questo genere. Si citano come esempio alcuni
scenari vissuti dall'autore:

- Risolvere un problema di un modem di un abitazione è stato sfruttato
  come pretesto per aumentare la potenza di banda della rete; mentendo
  e manipolando l'operatore sulla veridicità che la linea telefonica non
  funzionasse;

- Sfruttare le continue promozioni di un noto fornitore di TV satellitare
  per allungare il contratto gratuito di oltre il triplo di quello previsto in
  partenza;

- Convincere le forze dell'ordine a ritirare una multa che giustamente si
  dovrebbe ricevere;

- Chi da bambino non ha mai convinto i propri genitori a fare qualcosa
  che non volevano fargli fare? Anche questa è ingegneria sociale;

Ciò ci porta a sostenere:mai fidarsi ciecamente di nessuno. E probabilmente anche solo per iniziare basterebbe tenere a mente questo piccolo e
semplice accorgimento per evitare la maggior parte degli attacchi di sicurezza.

0.2 Obiettivi

Gli obbietti di questo lavoro sono quelli di spiegare come, dove, quando
e perché un attacco di Ingegneria sociale può manifestarsi. Si analizzerà   il
modo in cui un Ingegnere Sociale, che da questo momento in poi chiameremo
I.S, sceglie le sue vittime, ottiene informazioni di base e sferra l'attacco.

Naturalmente parallelamente a questo si cercherà anche di spiegare come
ci si può difendere da questi attacchi hacker, anche perché secondo Kevin
Mitnick; se vuoi conoscerli, devi pensare come loro [Mit05].

0.3   Contribuzioni originali

Si cercherà innanzitutto di integrare i lavori sull'ingegneria sociale così come i massimi esperti l'hanno rappresentata in letteratura, con i lavori di Paul Ekman e in generale della psicologia del dialogo interrelazionale.

Fatto questo si cercherà di inserire questo contesto in un epoca moderna,la quale ha visto l'esplosione dei social network,e quindi come questi possono aver influenzato questo settore.

0.4   Schema di lavoro

Ogni tipologia di attacco informatico è suddiviso generalmente in 4 fasi principali: analsi iniziale, costruzione dell'attacco, la fuga, le contromosse.

0.4.1   1a Fase: lo studio iniziale

La prima fase denominata anche "footprinting" è la fase iniziale nella quale si studiano e si carpiscono tutte le possibili informazioni sulla potenziale vittima di cui si necessita. A differenza di molti altri attacchi di sicurezza informatica, che spesso sono molto più tecnici e per i quali occorre avere importanti conoscenze informatiche di base, nell'ingegneria sociale spesso questa fase è fondamentale, se non la più importante. È qui che si vede la realtà capacità di un hacker sociale nel trovare nuove originali tecniche per ricavare tutte le possibili informazioni rilevanti. È in questa fase che l'hacker deve mettere in gioco buona parte delle sue tecniche di influenzamento e manipolazione unita ad una ottima inventiva e capacità intrusiva nel sapere dove e come curiosare.

0.4.2   2a Fase: l'intrusione

È il cuore dell'attacco, dove cioè l'intrusione prende forma e l'attacco ha successo. In questa fase l'attaccante e la vittima sono a stretto contatto e possono combattere, come in una guerra, con le loro migliori armi. Bisogna però essere preparati e ben equipaggiati. È l'ultima fase entro il quale la vittima ha ancora speranza di riconoscere l'attacco e poter imbastire una difesa adeguata. Superata questa fase l'attacco ha avuto successo ed è difficile se non quasi impossibile recuperare le informazioni sottratte.

0.4.3   3a Fase: la fuga

L'hacker dopo essere penetrato nelle difese della vittima o aver prelevato quanto desiderava organizza la fuga. Cancella le tracce, gli indizi, le prove della sua possibile intrusione e fa in modo che vi possa rientrare senza alcun sforzo e rischio. Qui ormai la vittima può fare ben poco se non accorgersi, ormai in ritardo, dell'avvenuta intrusione.

0.4.4   4a Fase: la difesa

Come ogni attacco che si rispetti l'ultima fase è dedicata interamente a tutte le possibili contromosse e difese utili o necessarie per sviare o difendersi dai possibili attacchi. Per quanto riguarda l'ingegneria sociale esse sono davvero molteplici e molto efficaci. Includono educazione, prevenzione e cultura aziendale adeguata; ma anche contromosse psicologiche astute da utilizzare ad attacco in corso; insomma, ci si può difendere. Tratteremo approfonditamente anche questa fase cercando di costruire una sorta di linee guida attraverso dei diagrammi da sfruttare durante la richiesta o il tentativo di accesso a informazioni sensibili o autenticazioni non autorizzate.

Si andranno quindi ad analizzare queste fasi singolarmente e più in dettaglio.

Indice

Elenco delle figure

Capitolo 1

Footprinting

L'inzio dell'attacco, ovvero il recupero iniziale delle informazione, può essere ben rappresentato dal gioco che si faceva da bambini per costruire una grande palla di neve. Bastava crearne una abbastanza piccola da riuscire a farla rotolare in mezzo alla neve; piano piano da piccola e insignificante la palla diventava, automaticamente e in maniera semplice, enorme e pesante.

Anche l'ingegnere sociale lavora usando una tecnica simile; sfruttando quello che Mitnick chiama: " il valore nascosto dell'informazione". Non importa che voi la consideriate inutile o irrilevante, ma qualsiasi dato o informazione può aiutare a scoprirne altre più importanti e significative. La vostra età, il vostro nomignolo, il nome di vostra figlia, il vostro colore preferito, il vostro sport praticato; nonostante sia abituale "regalare" quasi con orgoglio queste informazioni in una normale dialogo o discussione un ingegnere sociale ha la capacità di capitalizzare ogni singola informazione e investirla in nuovi attacchi più potenti e mirati.

Ma vediamo ora nel dettaglio quali sono le principali tecniche utilizzate dall'ingegnere sociale nella fase iniziale di footprinting.

1.1 Dumpster diving e tecniche di base

Come ci si poteva aspettare(dal momento che ogni informazione è sacra) quale miglior posto per iniziare, ricco di dati interessanti e sicuro, se non la spazzatura della vittima? Il dumpster diving è ormai entrato di diritto negli annali del buon ingegnere sociale. Ancora non si ha idea di quanto materiale utile si possa trovare nei rifiuti della vittima. Scontrini, ricevute, giornali, riviste, ogni singolo oggetto può essere utile per ricostruire lo stile di vita o la abitudini del potenziale truffato; e tanti sono gli esempi storici nei quali questa semplice tecnica ha avuto successo. Ma non solo, sembrerà pazzesco, ma ancora oggi tante aziende non adottano una buona politica per il trattamento e distruzione dei rifiuti; e quindi si possono spesso trovare: vecchi post-it di dipendenti licenziati contenti magari password ancora abilitate, vecchi manuali d'uso non aggiornati ma comunque molto utili, copie di documenti sbagliati e gettati via senza riserbo.

Una torcia potente, abbandonare ogni senso di pudore e ribrezzo verso la spazzatura e muoversi alla ricerca del più possibile in mezzo ai rifiuti/utili della vittima. Naturalmente il dumpster diving è illegale in molti paesi occidentali, anche in Italia [1]; pertanto sarebbe meglio praticare queste tecnica nelle ore notturne e con cautela; prelevando documenti molto velocemente e analizzarli con più calme in luoghi sicuri.

Si narra di un attacco in cui l'hacker, dalla sala d'aspetto del palazzo dell'azienda, fece scattare l'allarme antincendio e le conseguenti pompe d'acqua di sicurezza; ritrovandosi il giorno dopo nella spazzatura una montagna di scartoffie interessanti; bagnate ma pur sempre interessanti! Personalmente ho avuto modo di utilizzare questa tecnica negli anni del liceo. Ero rappresentante d'istituto e in più occasioni mi dimostrai gentile e cordiale offrendomi di gettare personalmente la spazzatura della segreteria didattica; conoscendo così in anticipo date di scioperi e cambiamenti d'orario a cui adeguavo le mie assemblee d'istituto; oppure le località nelle quali si balenava l'idea di un

---

[1]Legge sulla tutela della privacy DPR 20001

viaggio d'istruzione.

Esistono ulteriori tecniche che fanno sempre parte del 'coltellino svizzero dell'Ingegnere Sociale' e che possiamo definire d'esplorazione iniziale; tra le quali ricordiamo:

eavesdrop: Ovvero la tecnica dell'origliare. Ascoltare una conversazione di nascosto, un dialogo sottovoce, o un colloquio a cui non dovreste far parte può rilevare importanti informazioni segrete. Non esistono tecniche precise per questa particolare tecnica; è sufficiente essere in grado di avvicinarsi quanto possibile da essere a portata d'udito nascondendosi adeguatamente nel contesto circostante. Fingersi totalmente disinteressato è la soluzione più naturale ed efficace.

wiretap: O meglio nota come intercettazione. A differenza di quanto si possa pensare l'intercettazione non è solo un'esclusiva delle forze dell'ordine. Chiunque può mettere in pratica un'intercettazione in piena regola; non solo attraverso il vecchio e buon telefono ma soprattutto attraverso mezzi di messaggistica istantanea, telefonate voip, e scambi di e-mail. Il man-in-the-middle consiste anche in questo; interporsi tra chiamante e chiamato intercettando il traffico prodotto, in qualsiasi forma esso sia.

Come fare? Bene qui le tecniche sono innumerevoli e si sprecano. Dallo sniffing del traffico; al furto della chiave di cifratura; dall'hacking fisico della canale di comunicazione (inserendo ad esempio un dispositivo che cattura il traffico); alle microspie (che rientrano nella categoria dell'eavesdrop passivo).

Abbiamo visto alcune tecniche base e generali famose da tanti anni nel campo dell'ingegneria sociale; sono ottime tecniche per iniziare a 'grattare' la superficie, e utili quando non si sa da dove iniziare; ma questa è solo la punta dell'iceberg.

1.2   Saper Osservare

Saper osservare può benissimo essere un monito da tenere presente in tutte le tecniche base descritte precedentemente; e infatti così è.

Ma saper osservare può avere tanti significati, e sicuramente quello più importante è: cogliere il dettaglio.

Un bravo osservatore coglie il particolare, il dettaglio, l'insignificante, dove la gente comune vede la banalità e l'abitudine. Saper osservare significa notare particolari fisici nascosti dai vestiti o dagli atteggiamenti; dettagli comportamentali quasi invisibili o anch'essi ben nascosti.

Una camicia stirata male può significare tante cose: stato civile, capacità manuale, cura del particolare; così come un vestito macchiato o sgualcito.

Dita lunghe, magre e curate in un corpo robusto possono significare che la vittima suoni uno strumento musicale come la chitarra, o un fiato; e da questa semplice informazione si possono derivare altre mille deduzioni sulla musica e i gusti personali.

Difetti e particolari fisici, piccoli e insignificanti, possono indicare attività sportive praticate: muscoli sviluppati sulle gambe possono significare sport aerobici ma di contatto (calcio, rugby, basket); muscoli snelli e rassodati possono significare sport aerobici e di resistenza (atletica, tennis, ciclismo); e così via; un occhio nero può significare solo una cosa: la vittima pratica boxing (o sport simili) attivo in palestra o passivo con partner, amici o incontri sgradevoli.

Naturalmente saper osservare non si limita esclusivamente a cogliere il particolare nella persona fisica; ma anche nel contesto in cui la si trova. Osservare il posto in cui lavora potrebbe essere una miniera di informazioni, il modo in cui cura gli effetti personali (macchina, scrivania, ecc) anche, oppure alcune piccole scelte che fa nella vita di tutti i giorni (caffè o succo di frutta al bar, tram bici o taxi, scale o ascensore) non sono che un esempio tra i tanti.

Saper osservare quindi si integra con tutte le tecniche di ricostruzione della personalità e del carattere umano che descriveremo meglio nel paragrafo successivo. Concludiamo questo invece ripetendo un concetto fondamentale: quasi sempre l'informazione sta nel dettaglio, nel particolare; imparare a coglierlo significa porsi ad un livello superiore rispetto alla vittima dal momento che questa non riuscirà, o non potrà, fare a meno di nasconderlo.

Non c'è travestimento che possa alla lunga nascondere l'amore dov'è, né fingerlo dove non è. [François de La Rochefoucauld, Massime, 1678]

1.3   Tecniche di psicologia caratteriale

Caratteristica fondamentale dell'hacker, a prescindere se sia laureato in discipline psicologiche, è la capacità attraverso conoscenze pratiche di ricostruire la struttura del comportamento o del carattere di un essere umano analizzando tutte le pragmatiche che l'hacker nota durante l'interazione della vittima con agenti esterni. È una capacità fondamentale che aggiunge un'arma in più nel costruire l'attacco vero e proprio. Ma cosa bisogna sapere? In questo paragrafo proveremo a costruire una sorta di vademecum su come è strutturata la natura umana da utilizzare per analizzare una possibile vittima. La maggiore parte delle tecniche che a breve descriveremo prende spunto da quelle conoscenze intuitive di "senso comune"; che nonostante siano radicate da secoli nel pensiero umano, e per le quali esiste tantissima letteratura, sono spesso sufficienti per gestire efficacemente un attacco mirato da parte di chi lo crea. Come spunto iniziale possiamo esaminare per un momento la teoria, di derivazione giudaico-cristiana dei "vizi capitali". L'elenco dei sette vizi capitali è il seguente:

- superbia

- avarizia

- lussuria

- ira

- gola

- invidia

- accidia

Ma secondo la tesi di Rampin è interessante notare come le stesse realtà psichiche possono essere chiamate in altro modo, ed entrare così a far parte di qualsiasi moderna letteratura sul tema della persuasione e dell'influenzamento. In particolare, con un linguaggio un po' più moderno potremmo perfettamente rinominare i sette vizi come:

- narcisismo

- possesso

- edonismo sessuale

- irascibilità

- edonismo alimentare

- competizione

- pigrizia

Ed è da questa ri-denominazione che possiamo subito ricavare un importantissimo elemento. Immediatamente infatti notiamo che le "passioni" sono la vera e propria chiave di lettura neurobiologica. Secondo Rampin infatti: "I programmi neurobiologici regolano la messa in atto di sequenze comportamentali endocrine e, nella specie umana, psicologiche, riconducibili alla fondamentale bipartizione – ricerca della ricompensa (piacere) – evitamento della punizione (dolore)". Questa contrapposizione tra le due aree di ricerca è un dei fulcri fondamentali su cui basare l'attacco. Dalle passioni, e quindi da questi stimoli, derivano tutte le possibili ramificazioni della superbia verso il quale ogni essere umano mira a raggiungere (ricerca del piacere), o ad evitare(ricerca del dolore). Ripetiamo meglio il concetto: ogni essere umano possiede due aree d'influenza; la ricerca del piacere, e l'evitamento del dolore. Anche qui infatti possiamo scindere la superbia in:

- orgoglio

- ambizione

- autostima

- presunzione

- saccenteria

- arroganza

- vanità

- altezzosità

- ecc, ecc

Giocare e manipolare il rapporto con la vittima utilizzando (vedremo meglio nel secondo capitolo come fare) le due sfere di influenze e le sue ramificazioni costituisce un ottimo punto d'appoggio su cui fare giostrare l'attacco. Naturalmente le motivazioni fondamentali che fanno si che si attivi una di queste sfere sono tante: dalla sicurezza materiale, la riproduzione, voler innalzare il proprio grado sociale, l'alimentazione, alla perdita di qualcosa/qualcuno, richiesta di aiuto rinuncia, degrado mortificazione. Una conoscenza empirica di queste diverse sfaccettature infatti, può essere utile per guidare l'hacker a diversi livelli:

nella diagnosi iniziale; quando cioè l'hacker deve rapidamente orientarsi all'interno del sistema di credenze e valori che condiziona le scelte della vittima;

nella persuasione alla reazioni volute; ovvero inducendo la vittima a reagire come noi desideriamo, sfruttando appunto le sue sfere d'influenza;

nell'induzione a sensi di colpa o emozioni; come sopra solo che questa volta si fa un'analisi più approfondita dei tasti "sensibili" della vittima.

Dopo aver gettato le fondamenta possiamo ora definire un quadro generale su come classificare il carattere umano. Naturalmente non opereremo un'analisi approfondita di questo tema perché esula dagli obbiettivi di questo lavoro, ma proveremo a discutere quanto basta per una persona comune percostruire una scheletro di un ipotetico carattere umano.

Per meglio avere un quadro d'insieme del tutto si e' deciso di raccogliere tutto in un piccolo schema che andremo ora a discutere:

Esistono innumerevoli classificazione tipologiche che possiamo nuovamente racchiudere nella psicologia del "senso comune".[Rama]

(1) La prima che possiamo analizzare può ad esempio essere quella comportamentale; riferita cioè ai temperamenti biologici. Questa classificazione crea principalmente il dualismo tra tipi estroversi – introversi, e in letteratura troviamo tantissime definizioni di questi due aspetti:

Estroverso I tipi estroversi traggono la forza e le loro motivazioni dall'esterno; sono rivolti verso le altre persone e verso il mondo; sono più propensi a modificare attivamente la realtà che ad analizzarla profondamente; sono attivi, cercano la sollecitazione sensoriale, esprimono facilmente la emozioni, tendono a porsi con fiducia nei confronti degli altri; amano la varietà, il lavoro con altre persone, possono agire senza preventiva riflessione, sono più trasparenti e hanno una comunicazione più rilassata, meno auto-monitorata.

Sulla base di questo, dovendo stabilire un contatto positivo con questo tipo di persone si deve adottare una comunicazione attiva ed energica, toccando più argomenti e non scendendo mai nei particolari più noiosi. Voce alta e potente, e ritmi sferzante nella parlata lasciandogli ampi spazi su cui parlare.

Introverso I tipi introversi traggono l'energia e la motivazione dall'interno di loro stessi; sono rivolti verso il mondo interiore e rifuggono da sollecitazioni eccessive; sono più inclini a capire la realtà che a intervenire attivamente su di essa; hanno difficoltà ad esprimere le emozioni, tendono

Figura 1.1: Diagramma generale sulla classificazione del carattere umano.

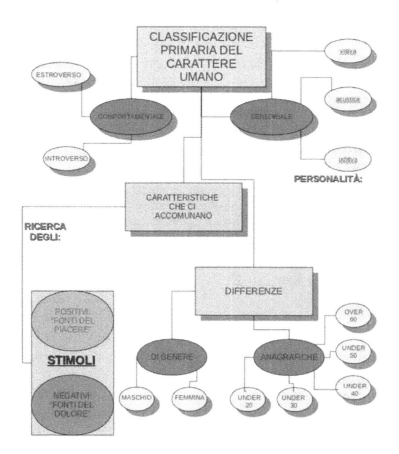

a rinchiuderle dentro se stessi; non accordano facilmente fiducia agli estranei; non amano la varietà, tendono a lavorare meglio da soli; difficilmente agiscono senza una riflessione preventiva; la comunicazione è più auto monitorata, può non essere facile da comprendere.

In questo caso invece, dovendo stabilire un contatto positivo con gli introversi converrà cercare di stabilire un rapporto di fiducia e amichevole, lasciandogli tempo per ambientarsi ed evitando di far intervenire più interlocutori ma curare il dialogo personale e in maniera più intima.

(2) La seconda classificazione, anche questa tanto cara alla letteratura psicologica è quella che riguarda le cosiddette "sfere sensoriali". Bandler E Grinder [BR80] notarono che ogni essere umano ha come caratteristica quella di preferire un canale sensoriale rispetto agli altri. Questa caratteristica si manifesta negli atteggiamenti e nei comportamenti differenziando il portamento, il dialogo e le diverse reazioni. Una persona ad esempio "visiva" farà particolarmente uso di verbi quali vedere/osservare, e aggettivi quali chiaro/scuro che rimandano cioè asserzioni dell'apparato visivo. Di conseguenze una persona uditiva userà invece sentire/ascoltare ed espressioni del tipo " suona bene". Questo aspetto è molto utile perché è stato dimostrato che per rendere più suggestiva e interessante la comunicazione, cercando di attirare l'attenzione prima e la fiducia poi, di una vittima è utile comunicare secondo le sue sfere sensoriali; ricreandole sono non coincidono con le proprie.

Per questo con una persona visiva utilizzerai frasi del tipo: "vedo che ti sei fatto una opinione della faccenda"

Con una persona acustica: "ti dico che hai sentito come suona la faccenda"

E via dicendo. Sempre secondo Bandler e Grinder con la comunicazione secondo le sfere sensoriali si è certi di stabilire più rapidamente un contatto empatico con la vittima.

(3)Naturalmente la classificazione di una carattere può anche essere effettuata tramite differenze fisiche e non solo dell'intelletto. Le prossime due classificazioni infatti sono quelle anagrafiche e di genere. Le differenze anagrafiche sono molto indicative del possibile carattere dell'essere umano. Non esiste una classificazione rigorosa, ma in letteratura l'argomento è ampiamente trattato e si è soliti differenziare in base alle attuali tappe che un essere umano compie nella sua vita.

- Under 30

  Gli adolescenti non sanno che cosa vogliono dalla vita, sono incerti in qualsiasi comportamento o abitudine; dai gusti sessuali all'ambizione personale; soffrono spesso di balzi d'umore e di disturbi bipolari; sono molto emotivi, imprevedibile e suscettibili;

- Under 40

  I trentenni iniziano ad affrontare le vere difficoltà delle vita; sorgono i primi problemi familiari e lavorativi; spesso non sanno come affrontarli oppure sono troppo stressati dal pensiero di doverli risolvere; cercano comunque l'indipendenza totale e cominciano a sentire il bisogno di una maggiore stabilita' emotiva e retributiva; nonostante questo sono comunque propensi e desiderosi di affrontare nuove esperienze;

- Under 50

  Le persone di mezza eta' sono caratterizzate da una continua ansia verso il loro bilancio esistenziale; soffrono dei loro insuccessi e degli obbiettivi mancati e hanno paura che le opportunità per realizzarli si stiano esaurendo;

- Under 60

  I cinquantenni vedono ormai affacciarsi le porte della senilità'; se hanno figli cercano di sistemarli e di educarli prima del pensionamento o che diventino indipendenti; diventano più' responsabili e iniziano a manifestare preoccupazioni esistenziali; possono manifestare anche sintomi di depressione;

- Over 60

I sessantenni vivono la loro condizione di pensionati in maniera diversa; o si sentono appagati e liberi da costrizioni; oppure vivono una sorta di declassamento sociale e familiari che può' farli soffrire.

(4)La differenza di genere e' stata anche questa ampiamente trattata in letteratura e negli stereotipi di tutti i giorni, e naturalmente divide le persone in: [BB91]

- Femmine

  La femmina e' tendenzialmente la persona sentimentale della coppia; ha paura del futuro e tende a stabilizzarsi il prima possibile; e' molto più' attaccata all'ambiente familiare e vive la situazione sessuale secondo il detto "gioca al sesso per avere l'amore"; ha un atteggiamento molto pragmatico anche se e' molto più' sognatrice, credendo quindi di più nel soprannaturale e nell'irrazionale;

- Maschi

  Il maschio e' tendenzialmente più' freddo e poco desideroso di manifestare sentimenti e intimità; desidera il contatto col sesso opposto; ma si trova molto più' a suo agio tra simili; sessualmente vive secondo il detto opposto a quello femminile "gioca all'amore per avere il sesso"; e' meno attivo della femmina ma vuole risolvere in continuazione problemi e costruire roba; nella sostanza e' più razionale ma meno intuitivo della donna.

Oltre a queste fondamentali e semplici classificazioni utili all'ingegnere sociale, bisogna notare anche le condizioni più' immediate durante la fase di footprinting; ad esempio la categoria sociale (immigrato, ecc) e culturale; e tanto altro ancora.

Conclusione:

Da questi semplici e pochi aspetti si può' già' capire come un ingegnere sociale con poche informazioni e conoscenze, spesso empiriche, e' in grado di stabilire con una previsione piuttosto attendibile quale sarà' la reazione della vittima alle ipotetiche situazioni che gli costruirà' intorno.

Capitolo 2

Facebook e i Social Network

Un aspetto importante che questa testi prova a sviluppare e integrare con
le tecniche di footprinting e l'ingegneria sociale, è scoprire e spiegare, quanto
al giorno d'oggi l'esplosione dei social network e in particolare di facebook
possa avere delle importanti ripercussioni.

È nata una nuova era; l'era dei social network e della condivisione globale;
l'era in cui dipendiamo dall'apparenza sulla rete, come un big, big brother;
in cui però sappiamo chi ci guarda, ma non sappiamo cosa realmente vede.

Si è quasi ossessionati dal voler condividere più contenuti, amicizie e contatti possibili protetti dalla realtà e dal profilo che noi stessi creiamo. Ma
in che modo questo può diventare un vantaggio per l'I.S.? Come ha detto
Richard Stallman nonostante abbia moltiplicato esponenzialmente le vostre
conoscenze e le vostre amicizie (virtuali) , facebook (e i social network in generale), 'is not your friend' [RS]. Non è vostro amico non perché non lo voglia
essere, ma perché , senza le dovute precauzioni e accorgimenti si comporta
esattamente come il tuo peggior nemico: diffonde i tuoi dati, non mantiene i
segreti, non ti protegge dai nemici e spiffera sempre tutto.

Facebook è il paradiso per qualsiasi psicologo che con pochi click riesce a
ricostruire un carattere e un'intera figura umana basandosi semplicemente su
quanto essa stessa mostra sul social network. Dunque un'incredibile risorsa
anche per un qualsiasi I.S.

Si andrà quindi ad analizzare in dettaglio le principali caratteristiche del mondo dei social network utili ad un I.S.; dal profilo generico, a come trovare l'informazione giusta, a come questa può essere immediatamente sfruttata.

2.1 Panoramica generale

Ma perché si usano i social network? La vasta gamma di servizi presenti sulla rete come blog, forum, newsgroup, chat; permette già una ampia politica di interrelazione tra persone distanti o aventi gusti simili. Perché quindi iscriversi ad uno nuovo servizio ancora più invasivo? Forse perché i social fanno l'unica cosa che un blog non fa: escludere. [Bos]La vera particolarità che possiede solo il social network infatti, è quella di consentire di definire chi è nostro amico e interagire solo con questi. Definendo ho un duplice effetto: decido chi può farne parte ma, importantissimo, decido anche chi non ne può far parte; posso cioè, appunto, escludere.

Tutti gli altri servizi della rete infatti, sono più liberali; eccetto forse la mailing list dove sono gli invitati possono parteciparvi, nei vari forum, blog eccc tutti hanno (quasi) libero accesso, e questo provoca un sentimento di timidezza e vergogna nel mostrare chi veramente c'è dall'altra capo della rete.

Un pò come non ci si vergogna ad andare in giro in costume in spiaggia, ma invece si prova terribile imbarazza nello stare in mutande in mezzo ad una piazza. È l'ambiente che conta; è il mondo che ci circonda e chi abbiamo intorno che ci condiziona; se perciò siamo in grado di decidere chi può farne parte, ci sentiamo molto più sicuri.

Detto questo però è ovvio che il social network è uno strumento 'centrato sul partecipante', e che consente di gestire particolari tipi di relazioni significative o superficiali.

Questo utilizzo fa si che il social network siano destinati certamente a sopravanzare, in quanto a popolarità, gli altri servizi, ma non li potranno mai sostituire. Si tratta di un tipo di strumento che serve semplicemente a cose diverse e che andrà a convivere con quelli già esistenti.

Detto questo, dopo il 'perché' si usano, si va ad analizzare 'chi' utilizza i social network.

2.2 Profilo generico

Si cerca di capire ora se e come è possibile ricostruire un profilo caratteriale attraverso un profilo 'network'. Per fare questo bisogna avere la certezza che esista, e in paticolare in quali metodi, come in natura, una relazione tra la nostra immagine e come la rappresentiamo; sia essa sotto forma di comportamenti sociali sia in profili virtuali.

Un importante studio [ROS+09] rivela che entrambe le categorie principali citate nel capitolo precedente, ossia estroversi e introversi, compaiono in egual misura tra gli utenti medi.

Gli estroversi nei social netwrok trovano il loro habitat naturale; tendono ad avere più amicizie possibili, fanno parte di più gruppi possibili, e tendono ad aumentare costantemente il proprio raggio d'azione. Non solo, come si può ben dedurre, l'utente estroverso arricchisce e condivide una gran quantità di informazioni; anche quello che non dovrebbe e che non vorrebbe. L'estroverso possiede molti valori di instabilità emotiva, in modo particolare nell'utilizzo del cosiddetto 'wall' di facebook; e quindi sono molto più propensi alla pubblicazione di foto e file visivi estremamente confidenziali.

Nonostante questo però lo studio rivela come le grandi attese che riguardavano il gruppo degli estroversi su facebook, non siano state ripagate. Si è constatato infatti, che sebbene quanto sia estesa la propria rete di contatti sia un fattore importante esso non è del tutto indicativo del fattore di estroversione.

Questo perché si è concluso che, a differenza delle aspettative, su facebook è presente anche il gruppo degli introversi. Verrebbe da pensare all'esatto opposto degli estroversi, ma non è così. Infatti da principio verrebbe da chiedersi: ma se l'individuo è introverso , e quindi chiuso in se stesso, quasi timido, per quali motivo dovrebbe utilizzare i social network? Il motivo sta proprio nelle loro caratteristiche; la maschera, il nascondiglio che la rete offre permettono alla persona introversa di vincere la timidezza e ciò li spinge ad essere fortemente motivati verso l'uso della comunicazione mediata dal computer.

Questo fattore è molto importante perché fa capire che in generale, non esiste l'utente che pubblica di più e quello più riservato. Tutti nascondono il recondito bisogno di 'infettare' quanto più mondo possibile, e questo è un vantaggio, un'arma fondamentale per un I.S. e nel prossimo paragrafo si parlerà proprio di questo.

2.3   L'informazione all'interno dei social network

Per capire quanto sia semplice carpire informazioni sensibili da un social network basterebbe enunciare quanto fatto da un hacker [he] (più semplice programmatore che esperto di sicurezza), che, semplicemente analizzando in larghezza i contenuti di un utente, passando a quelli degli amici, e degli amici degli amici e così via; riuscì a risalire ad informazioni sensibili e importanti , che non avrebbe dovuto possedere, di ben (ebbene si) un quinto degli utenti ufficiali di facebook. In quel periodo facebook contava già 500.000.000 di iscritti quindi pensate un pò alla quantità esorbitante di dati di cui si può venire in possesso.

Va considerato che il programma non faceva nulla di invasivo; semplice-mente stante a quanto pubblicato da tutti gli utenti e in base ad alcune euristiche che calcolano varie probabilità e statistiche si è riusciti a risalire persino a circa 10.000.000 tra codici fiscali, partite iva, ecc

Il perché è semplice: si pubblica troppo e in malo modo. In primo luogo non si rispetta la privacy delle persone. Non tutti sanno (o forse tutti sanno ma fanno finta di non saperlo) che il 70% delle foto pubblicate su facebook è potenzialmente illegale; questo perché 'se si vuole pubblicare una foto in cui si riconosce una persona non famosa, bisogna avere la sua autorizzazione' [1].

---

[1](art. 96 legge 633/41)

Oppure non tutti sanno che la maggior parte delle informazioni pubblicate sono permanenti; o che addirittura, una volta caricate non ti appartengono più, ed è molto difficile cancellarle [httb].

Per questo motivo il paragrafo non tratterà come scoprire l'informazione all'interno di ogni profilo; ma come evitare tutto ciò. Questo perché è banale capire che ogni potenziale link, frase, foto liberamente cliccabile è un danno per la vostra sicurezza. Non c'è alcuna tecnica che spiega come ricavare le foto pubblicate sul profilo della vittima. Le foto sono lì, di fronte a tutti, liberamente cliccabili.

Come evitare ciò? Benché l'ipotesi migliore sarebbe 'non usate i social network', il grande potenziale che questi offrono spinge a cercare una soluzione alternativa o, una politica che in un certo senso, limiti i danni.

Anche in questo caso i consigli sono molto semplici. Pubblicate il meno possibile. Gusti musicali, cinematografici, politici, religiosi, ecc; nessuno di questi elementi devo comparire sulla vostra bacheca. o almeno, il meno possibile. Ognuna di queste preferenze è un potenziale attack vector, uno spunto su cui creare un pretesto (che tratteremo in seguito).

Limitate al minimo il numero di foto, non mostrare mai foto di dove si è stati, a cosa si è partecipato, dove si vive, dove si lavora ecc.

Per nessuna ragione al mondo pubblicate i vostri indirizzi personali; numero di telefono, mail, abitazione ecc, questo consiglio non è limitativo, evitare totalmente queste pubblicazioni è spesso fondamentale.

Da questo può derivare anche che la creazione di profili 'fake' , con nomi inventati e foto personali inesistenti può essere un'ottima alternativa; nonostante questi limitino le potenzialità di espansione caratteristiche dei social network.

Se si pensa davvero che queste informazioni estremamente dettagli e soprattutto gratuite,siano inutili, è sufficente considerare quanto sia semplice recuperare la password di una mail fornita da un qualche ISP. Il 90% di queste mail possiedono un servizio di recupero password (nel caso l'abbiate dimenticata) che può sfruttare diverse vostre conoscenze: o il vostro numero

di cellulare, o un altra mail, oppure, udite udite, una domanda di sicurezza.
Ma quali sono le più comuni domande di sicurezza?

- Il nome di tuo parente;

- La professione di un tuo parente;

- Il luogo di nascita tuo o di un tuo parente;

- Libro, film, autore, genere letterario, genere musicale, preferito;

- Dettagli particolari della tua vita;

Ebbene dopo quanto descritto tutte queste informazioni sono davvero
così segrete oppure sono sufficienti pochi clic per scoprirle? Il nome di un
parente sarà sicuramente menzionato o 'taggato' in qualche foto; se abbiamo
compilato il campo del profilo che richiede i nostri gusti ci sarà sicuramente
anche quello preferito; e via dicendo.

Figura 2.1: Screenshot di una comune web-mail per il recupero password; si
noti la banalità della domanda di sicurezza.

Altro recente attacco di ingegneria sociale noto nei social network è quello
che si è deciso di ribattezzare: 'fake sharing'. Il mondo della condivisione è

fondamentale nei social network; creare link popolari è indice di autorità e importanza. Come creare perciò link interessanti e che possano attrarre il maggior numero di persone possibili?

Da ricerche in larghezza e statistiche risulta che un link per essere accattivante deve possedere una tra queste qualità: originalità, sensazionalità, scoop. Un nuovo gioco originale e simpatico può attrarre molti fan (originalità), un link che promette di risolvere o interpretare uno dei peggiori problemi che riguardano i social network (vedere chi guarda il proprio profilo, scoprire le password degli account, combinare scherzi) si diffonde rapidamente; e per ultimo, quale migliore pubblicità se non quella di possedere uno scoop?

L'idea che un link possa far vedere la reale esecuzione di un dittatore, o l'ultimo gossip del proprio attore preferito è un tentazione irresistibile per evitare di non condividere. Si può definire questo attacco come la moderna versione, applicata ai social network, del phising. Un'applicazione che si finge essere un link il più appetibile possibile, e che invece una volta cliccata si rivela un'applicazione invasiva che si appropria del proprio profilo e si auto-diffonde.

In questo settore giocano ruoli fondamentali i metodi di condivisione immediata e istantanea come i 'bottoni' +1; 'mi piace' e quant'altro; in quali spesso per la loro stessa struttura diventano quasi gesti inconsci.

Se non bastasse questo esempio, ricordiamo anche come funzionano gli attacchi a forza bruta. Questi attacchi, il cui bersaglio è generalmente una password, testano in larghezza ed esaustivamente tutte le possibili combinazioni della password. Gli attacchi di forza bruta a dizionario, in particolare, limitano il range delle possibili password testando quelle presenti nel dizionario. Ebbene, è facile capire che la creazione di un dizionario, avendo alla base una notevole quantità di informazioni, può essere molto più accurata, e limitare così un gran numero di password, testando in maniera molto più mirata.

Esistono dei veri e propri tool online che permettono, rispondendo ad un

Figura 2.2: Screenshot di una malware che si spaccia per link di facebook e
che reindirizza a questa pagina.

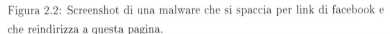

semplice questionario, di creare un dizionario ad hoc per ciascun individuo [2]

Questi consigli sembrano alquanto banali, non è la prima volta che vengono enunciati. A giudicar però dagli esempi sopra citato si può dire che non siano molto ascoltati; e il motivo è intrinseco alla esistenza stessa di un social network. Un social network senza contenuti, è come come un arcobaleno in bianco e nero. I contenuti e la massima diffusione sono strettamente collegati alla conquista di uno spazio rilevante all'interno della popolazione 'social', si tratta quindi di trovare un compromesso tra queste politiche, e la voglia di espandere le proprie conoscenze.

Questo compromesso però risulterà comunque insoddisfacente a livello di sicurezza e privacy; ragion per cui si può tranquillamente dichiarare che,finché esisteranno i social network, ci sarà sempre qualche I.S. pronto all'azione.

---

[2]si veda ad esempio pyrit: http://www.scribd.com/doc/21289984/Pyrit-CUDA-Multiforcer

Capitolo 3

L'Attacco

Arriviamo così al cuore del percorso dell'ingegnere sociale.

Nell'ingegneria sociale la fase di raccolta delle informazioni iniziali, la fase di studio, a differenza degli altri tipici attacchi di sicurezza informatica, è molto più ricca; più approfondita e più nutrita di dettagli.

Per questo motivo per la costruzione dell'attacco si possiedono una gran quantità di informazioni che si sfrutteranno per meglio costruire l'attacco e per indirizzarlo nella giusta via.

Più che fase d'attacco sarebbe più corretto chiamare questa fase del processo 'intrusione' vera e propria. Per intrusione quindi si intende il momento in cui l'hacker riesce a penetrare le difese nemiche, di qualsiasi genere esso siano e che qui di seguito riassumiamo brevemente in :

- difese psichiche

- difese fisiche

È un pò il concetto dell'hacker che ha come obiettivo continuo quello della conoscenza finalizzata al superamento di un ostacolo ben definito. Ma cosa distingue un normale attacco informatico da un attacco di ingegneria sociale?

Come già detto nell'introduzione il range d'azione dell'ingegnere sociale va ben aldilà dei puri interessi informatici. Tutti nella vita prima o poi hanno utilizzato o utilizzeranno l'ingegneria sociale per oltrepassare un ostacolo che la vita pone di fronte. Un bambino che convince i genitori, uno studente che 'imbroglia' il professore, un cliente non troppo soddisfatto, chiunque nella vita è stato ingegnere sociale.

Quindi, per iniziare a trattare più approfonditamente la questione, ci si può chiedere: cosa accomuna tutti questi differenti aspetti e impersonificazioni dell'ingegnere sociale?

La risposta è sicuramente la menzogna. La menzogna è il fattore comune su cui si basa qualsiasi attacco sociale; è lo scopo che segue il pretesto, è il mezzo fondamentale con il quale superare ogni difesa.[men0] La menzogna non è un fatto né uno stato, è un atto intenzionale, un mentire. Mentendo ci si rivolge ad altri, destinando all'altro un enunciato o una serie di enunciati dei quali il mentitore sa che essi costituiscono delle affermazioni totalmente o parzialmente false.

Abbiamo quindi costruito le fondamenta dell'attacco, costruendoci e ricavandoci un bagaglio di informazioni che saranno usate ora nella costruzione della struttura della menzogna, e in generale della costruzione dei meccanismo della persuasione.

3.1   La struttura della menzogna

Si può strutturare la menzogna, e come questa crea l'attacco, nella sua classica accezione del termine ben noto in letteratura, e che la suddivide in:

- cattura dell'attenzione con un pretesto;

- elicitazione dell'interesse;

- abbattimento delle difese;

- influenzamento e persuasione nel compiere l'atto;

- assicurazione che l'atto avvenga;

Si comincia ad analizzarli:

3.2 Cattura dell'attenzione: il pretesto

Il pretesto è l'incipit di tutto: è la causa inventata o apparente che l'I.S. usa per nascondere il vero motivo della sua azione; sia che si tratti di attirare l'attenzione sia che si tratti di iniziare una conversazione. Alcuni dei più famosi I.S. ritengono che questa sia la fase più importante, superata la quale, si è già dentro le grazie della vittima.

Principalmente la creazione di un buon pretesto e la sua messa in atto può seguire due differenti vie.

Possiamo utilizzare tutto il bagaglio di informazioni accumulate per creare un pretesto ad hoc per la vittima. Soprattutto le preferenze e le caratteristiche dell'individuo sono le più utili per immaginare un buon pretesto.

Lo scopo diventa ricreare una situazione familiare; nella quale la vittima si senta a suo agio e si interessi. Ad esempio interrogarla e avviare una vivace discussione su interessi comuni:

- sport;

- musica;

- cinema;

- politica;

- ecc;

L'animo umano è molto sensibile a chi condivide le proprie teorie e passioni e spesso questa 'fede dell'interesse' può far aprire porte che altrimenti rimarrebbero chiuse.

Un altro utile scenario ricreabile è quello di una situazione comune; ovvero, ricreare una situazione molto simile a quella della vittima, ottenuta sempre da un buon background di informazioni precedentemente recuperate. Ad esempio simulare un incontro casuale in cui si finge di vivere la stessa cattiva situazione della vittima (problemi sentimentali, licenziamento, familiari ecc)

può far scavalcare la barriera della diffidenza e permettere all'I.S. di entrare
in confidenza con la vittima.

Un altro metodo su cui basare la creazione del pretesto è la tecnica della
casualità. Invece di cercare di inserirsi adeguatamente nello scenario della
vittima se ne crea uno totalmente nuovo a che appaia casuale. Questo scenario fa si che la vittima si imbatta nell'interlocutore in maniera inaspettata
ma, interessata, e quindi l'I.S. in questo caso sia colui che conduce il gioco.
Un possibile scenario potrebbe essere quello di pedinare la vittima durante
un suo abituale viaggio in macchina, forargli la gomma utilizzando attacchi
mirati (che più avanti tratteremo), e offrirsi spontaneamente e cordialmente
di aiutarlo nella sostituzione. Semplice e veloce, se la vittima accetta, vi sarà
riconoscente; e la riconoscenza implica automaticamente un bonus, un pass,
per estorcere ulteriori informazioni.

Un altro esempio può essere quello discusso da Wang: [WW06] l'I.S sceglie
come vittima un operatore di una grossa azienda. Gli telefona dicendogli che
a breve vi sarà un black out della rete interna del suo computer, e in quel caso
potrà chiamarlo su un utenza che egli annota. La vittima è molto diffidente
ma una finta promessa non costa nulla. L'I.S. aveva già precedentemente ottenuto le password di amministratore della rete attraverso un altro attacco,
e ora, le utilizza per disabilitare la rete della vittima. Arrabbiato e molto
preoccupato per il suo lavoro dopo 5 minuti la vittima chiama l'I.S. chiedendo disperatamente aiuto; cordiale e gentile l'I.S. risolve il problema da lui
stesso creato e in aggiunta sfrutta il bonus della riconoscenza chiedendo gen-
tilmente alla vittima di installare un programma di analisi della rete e di
manutenzione; ovvero un trojan.

Cosa hanno in comune queste tecniche di costruzione del pretesto? Principalmente due cose: la padronanza e la semplicità.

Il pretesto è una bugia nella bugia, e quindi dovete padroneggiare lo
scenario da voi creato nel miglior modo possibile; dovete conoscerlo il più
possibile, per potervi adattare ad ogni situazione e modificarlo in qualsiasi
istante. Fingete di essere un ingegnere nucleare? Bene, fate in modo di

sembrare il più professionali possibili; imparate il più possibile di questa professione, imparatene il linguaggio, i modi di fare i cenni delle tecniche studiate. perché il pretesto funzioni deve sembrare il più reale possibile e per questo motivo è consigliato non intricare più di tanto il vostro scenario. Keep it simple, stupid; dovendola manipolare è difficile destreggiarsi all'interno di una finta realtà molto complicata. Nel crearvi un alibi createvelo semplice e privo di dettagli; i dettagli saranno inseriti ad hoc quando vi sarà richiesto o necessario in modo tale da farli combaciare con la situazione attuale.

3.3   Elicitazione dell'interesse

Una volta ottenuto l'interesse della vittima si passa alla fase dell'elicitazione. È difficile definire l'elicitazione in termini di una vera e proprio tecnica. L'elicitazione infatti può essere vista come il continuo riattizzare di legno un bel fuoco acceso, per tenerlo sempre ad una determinata fiamma. Una volta ottenuta l'attenzione dobbiamo essere capaci di tenerla sempre allo stesso livello, se non addirittura, a incrementarla e ravvivarla.

Per fare questo dobbiamo modificare il nostro carattere in base alla personalità della vittima. Abbiamo già visto nel primo capitolo come classificare una persona in base alla proprio personalità; ecco che ora riutilizzeremo a dovere queste informazioni.

Ad esempio durante il dialogo è fondamentale fare attenzione alla quantità e al tipo di domande che si pongono. Fare troppe domande continuative potrebbe infastidire la vittima; farne troppe poche invece potrebbe far scemare l'interesse.

Il segreto spesso è decidere un intervallo di tempo, e in base a questo porre coerentemente le domande 'elicitative'. Ma in che senso coerentemente? Nel senso che dobbiamo adeguarle al tipo di personalità che ci troviamo di fronte; un tipo estroverso necessiterà di domande ampie, espressive, fantasiose e liberamente interpretabili; in modo tale da suscitare simpatia nell'interlocutore che sarà ben felice di parlare a ruota libera.

Se invece abbiamo a che fare con un tipo introverso le domande saranno strette, mirate e con pochi dettagli; focalizzando l'interesse della vittima in modo tale che non si spaventi e rimanga all'interno del ambiente.

Anche la gestualità è importantissima; una persona timida difficilmente amerà discorsi animati, ricchi di gesti fisici come pacche sulle spalle, strette di mano, dialogo ravvicinato; al contrario invece di una persona socievole.

Altro fattore importante è l'ambiente circostante. Se il vostro pretesto sarà mirato ad una discussione tranquilla e pacata cercate di spostare la discussione in un luogo adatto, poco affollato e rilassante.

Molto importante è ravvivare in continuazione il sentimento di riconoscenza. Se è stato questo il pretesto col quale siete entrati in contatto con la vittima, cercate di far tornare alla luce spesso questo sentimento, anche con piccoli e semplici gesti, ad esempio: offrire da bere, assistenza, opinioni ecc.

L'alcool in particolare (e quindi offrire tanto da bere!), sebbene un pò squallida, è un'ottima tecnica di elicitazione; poiché ci permette di avere un sempre più crescendo di attenzione e confidenza. È inoltre dimostrato che sotto l'effetto dell'alcool una persona perde inibizione e può 'spogliarsi' di dettagli altrimenti inarrivabili. Anche qui, come per la fase precedente è fondamentale che durante la conversazione (che sia face-to-face, via chat, via telefono, ecc) sembriate il più naturali possibili, quasi che voi stessi crediate alle menzogne che state narrando.

3.4 Abbattimento delle difese, Influenzamento e persuasione

Essendo in un certo senso direttamente collegate si tratteranno la fase del superamento delle difese e le tecniche di persuasione insieme; quando effettuiamo l'attacco infatti, si può affermare che persuadendo la vittima, si superano le sue difese.

La prima domanda che viene da porsi è: per quale motivo, oppure, per quale difettoso fattore umano si è costretti a cambiare la propria percezione della realtà?

Bruce M. Hood [Hoo09] sostiene che con i cinque sensi si entra in contatto con il mondo naturale; ma oltre a questo c'è poi un senso in più, che ci connette con l'irrazionale e quindi con quello in cui non dovremmo credere.

Questo sesto senso Hood lo chiama SuperSenso. Possiamo descriverlo come il senso che altera la percezione della realtà, facendo vedere non ciò che si dovrebbe vedere ma quello che si vuole vedere, o, si crede di vedere in base a degli schemi quasi precisi.

Ma allora quali sono questi schemi? Questi schemi corrispondono a come ogni individuo organizza la propria realtà. È normale, ognuno ha la propria percezione della realtà e non vediamo mai la realtà della persona interessata ma come questa la vede o la rappresenta. Quando si guarda l'opera di un artista non si guarda la realtà ma come questi l'ha visualizzata. E questo vale per qualsiasi altra raffigurazione o rappresentazione. Un programma sarà lo specchio di quello che un programmatore aveva precedentemente raffigurato nella propria mente come programma definitivo.

Tutti quanti bypassano la realtà attraverso schemi che organizzano e strutturano le informazioni che captano dall'esterno. Il problema consiste nel fatto che sebbene si è consapevoli del fatto che creiamo schemi mediatori della realtà, a questi gli si viene data troppa rilevanza; ci si convince che siano perfettamente aderenti alla realtà e che ne diano descrizioni accurate e precise [EK96].

Qui entra in gioco l'I.S. che sfrutta questi schemi percettivi dell'essere umano per piegare a proprio piacimento la realtà della vittima; indirizzando l'attenzione, la percezione, l'istinto e la cognizione; e quindi, persuadendola a credere nella nuova realtà creata dall'I.S.

Gli 'indirizzamenti' sopra citati possono essere ben utilizzati per definire la struttura del meccanismo della persuasione; sono quasi come dei livelli, e allora vediamo come questi livello sono utili nel meccanismo della persuasione.

Il livello percettivo si basa su quanto più immediato e diretto l'individuo

carpisce dall'esterno. In questo livello è soprattutto la vista che viene mag-
giormente sollecitata, per questo, cosa si può fare per alterare la percezione?
Sicuramente l'esperienza diretta gioca un ruolo fondamentale; [Lut01] l'esperienza diretta vale più di cento discussioni o argomentazioni. Toccare con
mano e sperimentare in prima persona può fare crollare in un istante dubbi
e certezze.

Simile all'esperienza diretta c'è l'evidenza; quando cioè una situazione
diviene assolutamente inconfutabile se la vede svolta in diretta. Si ricorda
un esempio precedente in cui l'effettivo crash annunciato della rete abbia
fatto si che la vittima si ravvedesse sulla reale buonafede dell'I.S.

Collegato all'evidenza infine abbiamo l'apparenza. Non è un caso che
esista il detto 'l'abito non fa il monaco', dal momento che le persone giudicano
irrazionalmente anche attraverso dettagli quali la gradevolezza fisica (il fisico,
l'abbigliamento, la portanza), l' immedesimazione (elementi di contatto) e la
spettacolarità delle azioni. Per questo motivo è molto importante come si
appare al primo contatto.

Il livello successivo è quello attentivo, cioè quello dove si vuole indirizzare
l'attenzione. Naturalmente prima di poter essere in grado di direzionare
l'attenzione si deve possederla; una volta conquistata si direziona a proprio
piacimento e questo è fondamentale per varie ragioni [Fit76]:

- tenere lontano dall'inganno le strutture di analisi critica;

- sottrarre a queste stesse strutture dubbi sui quali lavorare;

- indirizzare l'attenzione verso bersagli costruiti dall'I.S. stesso;

Le tecniche del livello attentivo sfruttano soprattutto la gestione del dialogo, a come lo si porta avanti e a come si cerca di modificarlo. Ad esempio:
enfatizzare il bersaglio 'falso' e sminuire quello reale è una tecnica banale ma
utile per iniziare.

Fare silenzio su una precisa domanda o discussione può essere un'utile
metodo di gestione dei momenti critici; oppure rimanere vago può giustificare
una domanda difficile e dettagliata. In particolare un consiglio utile è quello

di cercare di non rispondere mai alle obiezioni; non facendolo infatti si ottiene un duplice effetto: [Mac99]

- non rispondendo in un certo senso si dimostra di essere autoritario;

- non obbiettando l'affermazione della vittima, in parte, non la si confuta, pertanto la vittima è convinta di aver ragione e si sente gratificata;

È molto importante insistere e ripetere quale motivo è meglio che la vittima compia quanto gli state chiedendo di fare; enunciare in continuazione vantaggi e opportunità che ne scaturiranno.

L'ultima tecnica che si può considerare nel livello attentivo è quella del cosiddetto 'sovraccarico di input', o Human Buffer Overflow. Più che un vero sovraccarico di informazioni questa tecnica è quella che viene spesso utilizzata in guerra cioè: nel momento in cui c'è un indebolimento dell'attenzione si inserisci un input sbrigativo in modo tale che la vittima risulti disorientata e confusa e sia più soggetta a cadere nella trappola. È una vera è propria tecnica di depistaggio.

Il livello delle emozioni è forse quello più importante. Le emozioni e l'istinto partecipano al processo di relazione del rapporto tra individui; non solo, molto spesso sono determinanti. È noto inoltre che le emozioni sono contagiose, possono cioè riflettersi nell'interlocutore.

Questo ci basta per dedurre quanto sia importante riuscire a manovrare e gestire i tratti emotivi della relazione con la vittima; in particolare riuscire a creare emozioni e a trasmetterle alla vittima può diventare fondamentale in particolari situazioni.

Come sempre il primo mezzo con cui trasmettere qualsiasi stato è attraverso il linguaggio. Utilizzate sempre un linguaggio emotivo, cioè che rispecchia l'emozione che volete trasparire. Nascondere le azioni da compiere all'interno di aggettivi e frasi ad effetto ha un grosso potere persuasivo

[Wat80] Spiegare tramite evocazione è un'importante regola della comunicazione; ogni emozione ha una rappresentazione mentale e viceversa.

Questo significa che un'emozione può facilmente essere ricreata, e spesso basta rievocare le reazione fisiologiche quali salivazione, sbadiglio ecc.

Si può inoltre generare empatia nel discorso; ovvero parlare per terze persone, inserendole nel discorso (con frasi del tipo 'tizio ha detto', 'anche tizio aveva accettato', ecc) in modo tale da ottenere importanti effetti e reazioni: sentirsi parte di un gruppo, avere paura dell'obiezione degli altri, insomma, mal comune mezzo gaudio.

Ultima tecnica di questo livello che si tratterà è quella del riflesso all'autorità. Il principio dell'autorità [Cia95] è estremamente diffuso nell'ambito della truffa in generale; naturalmente consiste nella tecnica di intimorimento da autorità fasulla creata ad hoc dall'I.S. Queste risposte di obbedienza automatica date a colui che vediamo un'autorità superiore alla nostra possono però essere sfruttate in numerosi casi che rientrano tutti in questo principio:

- citare durante una fase difficile della relazione un esperto del settore;

- esibire con pacatezza e dimestichezza tessere e cartellini di simboli sociale e culturali (biglietti da visita falsificati);

- far sentire e marcare ripetutamente la differenza di grado e autorità;

- elencare personaggi famosi e illustri che hanno preso la stessa decisione che si vuol fare prendere alla vittima;

L'ultimo livello è quello cognitivo, quello cioè dove si cerca di alterare il più possibile le funzioni cognitive-logiche. L'abbattimento delle capacità critiche e razionali deve essere perseguito costantemente dall'I.S., e questo scopo trova terreno fertile nell'essere umano che già di suo possiede credenze irrazionali e assolutamente prive di alcun fondamento scientifico.

Tutti abbiamo qualche scheletro nell'armadio, e uno studio ancora non pubblicato [Hoo] di Bruce Hood dimostra in che percentuale gli esseri umani credono ai più comuni fenomeni irrazionali:

- Divinità religiose (68%);

- Esperienze extrasensoriali (41%);

- Fantasmi (32%);

- Telepatia (31%);

- Chiaroveggenza (26%);

- Astrologia (25%);

- Comunicazione con i defunti (21%);

- Streghe (21%);

- Reincarnazione (20%);

- Possessione spirituale (9%);

Senza andare a discutere nel dettaglio queste credenze, ci basta intuire che più un individuo possiede queste credenze più abbiamo punti d'appoggio o suggerimenti su come e dove andare ad intaccare le difese logiche e razionali.

Ogni credenza è una falla nel sistema difensivo della vittima e possono bastare anche pochi procedimenti , finalizzati alla persuasione, che si collocano come un ponte tra il livello cognitivo e quello emozionale descritto precedentemente [Ramb]

scenario: Creare uno scenario, un miraggio, allettante ma naturalmente fasullo ricco di immagini significanti

linguaggio: Utilizzare frasi fatte e a grande effetto che richiamano motivazioni mistiche o leggendarie(' fallo per te', ' goditi quanto ti è stato dato ', 'sono cose che non possiamo capire', ecc)

ruolo: Sfruttare gli aspetti psicologici del ruolo sociale;

coerenza: Sfruttare il principio di coerenza. Se un individuo afferma di credere in una divinità religiosa difficilmente cercherà di confutare la propria tesi rimanendo coerente; per questo motivo potrebbe compiere azioni che non dovrebbe;

Abbiamo visto visto come lavora il cuore del meccanismo della persuasione, elencando tutta una seria di utili consigli e accorgimenti da tenere presente quando ci si trova nel cuore dell'attacco.

3.5   Assicurazione e conferma

L'ultima fase della struttura della menzogna è quella che possiamo definire come 'stabilizzazione dell'attacco'. È menzionata come ultima, ma in realtà è una sorta di buone norme che qualsiasi fase dell'attacco dovrebbe considerare. Questo perché un attacco può avere principalmente tre risultati: avere successo, fallire ed essere scoperti, fallire ma non essere scoperti.

Nel primo caso è importante fare in modo che l'attacco sia completato in maniera corretta; bisogna cioè evitare di tradirsi all'ultimo momento, e fare in modo che si possa continuare l'attacco senza problemi.

Nell'ultimo caso nonostante non sia abbia avuto successo ma non si è stati scoperti è indispensabile portare avanti un nuovo attacco senza perciò dover riniziare da capo; e quindi stabilizzazione in questo senso; solidificare il lavoro creato fino a quel momento per evitare di essere scoperti e di dover riniziare da zero.

Questa fase appunto non può essere schematizzata ma è sufficiente elencare una serie di buone norme da considerare per evitare disastri dell'ultimo momento.

Una volta ottenuto il vostro scopo cercate di far trasparire sempre sicurezza e affidabilità. Anche quando si è arrivati alla meta non si deve mai fare nulla, soprattutto a livello comportamentale, che dia adito a possibili dubbi sulla vostra bontà d'animo. Le emozioni così come sono state l'arma con la quale avete scardinato le difese nemiche possono rivelarsi un'arma a doppio taglio. Mai farsi prendere dal panico o dalla gioia dell'attacco riuscito, è bene rimanere sempre pacati ma soprattutto coerenti con lo scenario che avete creato.

Rassicurate in continuazione, ma non insistentemente, la vittima sul fatto che tutto sia a posto. Si continui a spiegare la bontà delle proprie azioni, oppure del fatto che nulla sia accaduto durante il vostro incontro (qualunque esso sia stato).

In caso si abbia convinto la persona a cedergli una particolare informazione, insistete sul fatto di quanto la situazione ora sia migliorata o migliorerà con questa gentile concessione.

Una cosa particolarmente importante da fare è consolidare (se ne avete ottenuta) la fiducia e la confidenza della vittima anche se questo non vi sembra più necessario. Se nella creazione del pretesto avete ottenuto un informazione promettendo un servizio, un oggetto, una prestazione, è bene che questa sia portata a termine per evitare di destare sospetti e per continuare ad avere un punto di riferimento solido su cui riproporre eventualmente un nuovo attacco.

Se la vittima è stata gentile con l'I.S. è bene che questi sia riconoscente delle informazioni date come se fosse in buona fede, per questo è utile manifestare in maniera evidente questa riconoscenza per sviare l'attenzione da possibili dubbi o ripensamenti. Se l'attacco è andato a buon fine è pure lecito far notare in maniera evidente la proprio riconoscenza anche tempo dopo l'attacco, naturalmente prima che venga scoperto.

Completate l'attacco nella maniera più naturale e sciolta possibile; se ne siete in possesso prendetevi tutto il tempo possibile per sistemare gli ultimi dettagli finali.

Non lasciate alcune traccia del vostro passaggio. Cancellate i log dal pc, pulite dove siete passati, rimettete ogni cosa a suo posto e sarete pronti per un nuovo attacco.

3.6   Tool and tricks

Come ogni hacker anche l'I.S. possiede il suo affilatissimo coltellino svizzero ricco di tool e strumenti utili ad organizzare le informazioni, cercarle, e che aiutano soprattutto in situazioni critiche. Si andrà ora ad trattarne i più importanti.

Se vi ritrovate con una gran quantità di informazioni e non riuscite a metterle insieme potete utilizzare comodi programmi, semplici da usare, che vi aiutano nella catalogazione e nella classificazione dei dati.

Non solo, alcuni programmi in base a ciò che viene caricato, sono in grado di elaborare nuove informazioni, statistiche e spunti su cui andare avanti.

Uno di questi è Basket: disponibile già installato sulla distro Backtrack o sull'apposito sito [1], basket offre un interfaccia grafica molto semplice da usare e che classifica di default i dati in immagini, testo, audio; ma è possibile aggiungere nuove categorie. Basket ha la capacità di effettuare ricerche indipendenti su goole (web, images, maps ecc) o su altri motori di ricerca e arricchire quindi automaticamente il bagaglio di informazioni.

Figura 3.1: Ambiente grafico di BasKet

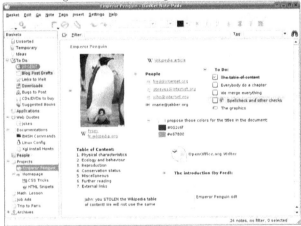

Ci sono anche altre valide alternative come maltego [2], draids [3]

---

[1] http://basket.kde.org

[2] http://maltego.org

[3] http://dradisframework.org

Al giorno d'oggi per un I.S. è diventato quasi indispensabile conoscere le più famose tecniche di 'scassinaggio' di qualsiasi tipo di serratura, o lucchetto.

Il lock picking è ormai diventata quasi una moda tra gli I.S. e questo perché può aiutare e risolvere situazione che altrimenti sarebbero difficilissime. Aprire un armadietto contenente importanti documenti, aprire una porta per entrare in un luogo protetto, o per fuggire da attacco appena riuscito. Pazienza e tanta pratica sono necessarie in queste tecniche, ma con i giusti attrezzi e le dovute conoscenze ogni I.S. per definirsi tale deve essere in grado di aprire la maggior parte dei lucchetti e delle serrature standard un breve tempo.

Figura 3.2: Immagine visiva che illustra cosa significa forzare un lucchetto mostrandone la struttura interna

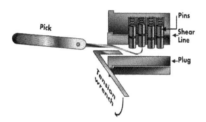

Oltre ad avere il kit di scassinatore sempre in tasca un buon I.S. che lavora soprattutto in ambito aziendale, nel quale i pc e gli uffici la fanno da padrona, deve avere sempre con se alcuni oggetti utili che deve essere grado di sfruttarli adeguatamente;

keyloggers: Oltre che software (e che quindi richiederebbero una vera intrusione 'informatica') esistono potentissimi keyloggers fisici; piccole spie da inserire tra cavo e computer in grado di catturare qualsiasi flusso di dati che vi transita: tastiera, microfono, webcam

cimici: Ricoprire il luogo della vittima di cimici può essere un gran vantaggio, perché vi permette di prevedere con largo anticipo le mosse

Figura 3.3: Alcuni keylogger, o keyghost, liberamente acquistabili online

della vittima; attenzione però che il problema delle cimici è che vanno nascoste il meglio possibile, una sola cimice scoperta può far saltare un intero appostamento. Pertanto limitatene l'uso se non indispensabile o se non siete assolutamente sicuri di riuscire a nasconderla e confonderla nell'ambiente circostante.

Figura 3.4: Immagine di una cimice inserita all'interno di una penna stilografica

microspie: Se non riuscite a piazzare una microspia in loco portatevela con voi e nascondetela addosso o negli oggetti che vi portate dietro. Si è visto come ascoltare una conversazione sia spesso fondamentale, per questo motivo analizzarla con calma su una registrazione può dare molti vantaggi; per questo motivo, come nel caso delle cimici, possono essere strumenti utilissimi a patto però che siate in grado di nasconderli alla perfezione tra abiti, fisico e oggetti;

Figura 3.5: Immagine di una telecamera nascosta all'interno di un accendino

In base alle descrizioni precedenti ne possiamo ricavare una un pò più generale ancor più valida. Aver destrezza tra keyloggers, microspie, webcam, microfoni, significa avere dimestichezza con tutto ciò che riguarda l'elettronica e i computer. Si ripete ancora una volta che l'I.S. può essere chiunque, dal bambino che inganna i genitori, all'hacker che viola le difese di sicurezza; è vero però che la maggior parte degli attacchi di ingegneria sociale al giorno d'oggi avvengono attraverso mezzi quali pc, sever, e qualsiasi forma di calcolatore elettronico.

Per questo motivo avere dimestichezza in questo settore vi fa automaticamente guadagnare numerosi punti. Saper smontare un pc, riconoscerne le varie parti, saperle sostituire, saperle configurare, crearsi i proprio strumenti fisici può avere innumerevoli vantaggi in quanto ad adattamento alle condizioni d'attacco.

Non solo, conseguente a questo si può affermare anche che una buona conoscenza non solo dell'hardware, ma anche del software può ampliare le vostre vedute. Basti pensare esclusivamente a quanto materiale offra il motore di ricerca google. Bisogna però, sapervi cercare. Lo stesso motore di ricerca vi offre tutte le informazioni necessarie su come sfruttare a pieno le loro risorse [4].

3.7   Sommario e conclusioni

Come conclusione finale si è deciso di aggiungere a questo lungo elenco di consigli e tecniche di influenzamento un ultimo elenco, creato dagli esperti del settore [DCN00] , riguardo alla condotta generale della discussione[5]:

- se la vittima è nervosa, poniamogli domande semplici e irrilevanti in modo tale da stemperare gli animi;

- evitare domande ambigue interpretabili in più versioni;

---

[4]http://www.google.com/support/websearch/bin/answer.py
[5]nel caso specifico la discussione è un interrogatorio di tribunale.

- non sovraccaricare di input difficili la vittima ma scomporli in pezzi più semplici;

- parlare in maniera comprensibile;

- trattare, seppur superficialmente, gli argomenti pruriginosi;

- usare accortamente il silenzio(come descritto nella seconda sezione);

- concentrarsi su pochi elementi facilmente memorizzabili;

- attaccare in maniera sequenziale e scalare la tesi contraria, senza mai avere fretta e impeto;

- capitalizzare al massimo la prima apparenza,e l'effetto che comporta;

- fornire sempre un quadro completo e preciso della discussione;

Abbiamo visto come la manipolazione e la persuasione è la componente chiave per un I.S. per raggiungere l'influenzamento. In questo capitolo si è cercato di coprire le aree del comportamento umano cercando di fare interagire la psicologia dei del linguaggio psichico e del corpo con la costruzione di un possibile attacco.

Il potere dell'influenzamento spesso trascende e va aldilà di quello che è ingegneria sociale; e diventa un vero e proprio potere sociale psicologico capace di aprire ogni sorta di porta umana.

Capitolo 4

Difese e contro misure

Si arriva quindi all'ultimo capitolo, e all'ultima fase dell'attacco di un I.S. Come ogni attacco informatico che si rispetti, l'ultima fase è dedicata al fornire le difese e le contromisure possibili per resistere all'attacco.

La maggior parte degli attacchi informatici possono essere annientati tramite hardware o software; e quindi sono contromisure reali e 'fisicamente' esistenti.

Nell'ingegneria sociale purtroppo questo non è sempre possibile; dal momento che l'anello debole è il fattore umano, questo, può diventar debole nel momento stesso che applichi le difese 'umane'; si entra perciò in una sorta di circolo vizioso.

Il punto principale su cui lavorare nella costruzione di una adeguata difesa, infatti, sta proprio nell'inculcare una nuova mentalità di interazione tra individui. Una mentalità basata sul dubbio costante che chiunque possa essere un potenziale attaccante; una mentalità che difficilmente viene condizionata da stati d'animo e comportamenti; una mentalità che esegue in maniera fredda e asociale le politiche e le linee guida impartite; una mentalità insomma, che non si fida di nessuno.

Una volta quindi che si è accettato di sforzarsi di assumere questa nuova mentalità si può passare a definire quali siano queste politiche o linee guida che possono aiutare a difendersi.

Attraverso i lavori di Paul Eckman si cercherà di capire come si può riconoscere una menzogna prima,dopo, o durante una conversazione; attraverso invece quelli di Kevin Mitnick si cercherà invece di capire quali siano i
migliori metodi di gestione delle politiche interne riguardo ai dati e servizi
richiesti.

4.1 Riconoscere una bugia

Nel capitolo 3 si è visto cosa sia una bugia, come essa è strutturata,
come crearne una a proprio piacimento e in base all'interlocutore con cui
interagiamo. Si proverà ora a mettersi dell'altra parte della conversazione,
quella cioè della vittima; cercando di capire come si possa riconoscere una
menzogna.

Come prima cosa è importante sapere che esistono due forme di bugie:la
dissimulazione e la falsificazione. Dissimulare significa nascondere il vero,
falsificare, enunciare il falso.

Sono queste le forme di menzogna che si andrà a trattare cercando gli indizi che possono indurre a ipotizzare che ci si trova di fronte ad un mentitore.

La chiave per la scoperta di una bugia è una buona analisi della cosiddetta
comunicazione non verbale. La comunicazione non verbale, o il linguaggio del
corpo, ha funzione in parte parallele e in parte complementari a quelle del linguaggio verbale; questo infatti permette di trasmettere e percepire, in modo
più diretto del linguaggio verbale,informazioni che riguardano soprattutto:

Stati emotivi: il volto trasmette più informazione sul tipo di emozione,
mentre lo sguardo e il corpo (postura, gesti,ecc.) sull'intensità dell'e-
mozione;

Gli atteggiamenti: che abbiamo nei confronti degli altri, suddivisibili in
due famiglie: atteggiamenti amichevoli (sorriso, maggiore vicinanza fisica, frequenza degli sguardi, ecc), atteggiamenti di dominanza (assenza
di sorriso, tono di voce grave, sguardo accigliato).

Noi stessi: come siamo fatti, che ruolo sociale occupiamo, quanto siamo
sicuri o insicuri, ecc.

Per queste ragione, le persone che sono carenti nella comunicazione non
verbale possono avere problemi a stabilire e mantenere relazioni con altre
persone.

Il fatto però forse più importante della comunicazione non verbale è che
è difficilmente controllabile. Tutte i particolari che si andranno ad analizzare hanno la particolarità di essere totalmente involontari. Difficilmente
controlliamo l'espressione del viso non perché non sia possibile ma perché è
un'azione abituale, spontanea, ripetitiva e inconscia; e quindi è quella reale,
pura, non contaminata da atti menzogneri.

Ma quali sono i punti di lettura della comunicazione non verbale, da quali
si può riconoscere che una persona mente?

La letteratura e principalmente Paul Eckman [PE03] indicano come principali vettori parole, voce, corpo e viso.

Le parole sono spesso fondamentali; una buona bugia per avere successo
non deve presentare alibi di nessun tipo. Se si prova a mettere in difficoltà
una persona chiedendo particolari aggiuntivi o dettagli che nulla hanno a
che vedere con l'argomento della discussione, e questi tentenna, sbaglia, o
soprattutto dimentica; questo è già un buon probabile indizio che la persona
con cui stata parlando menta.

Un importante errore strategico della narrazione è il lapsus, ovvero dimen-
ticare un particolare importante già precedentemente descritto. È probabile
che un mentitore sia tradito da uno di questi lapsus. Secondo Freud infatti
[S.76] gli sbagli che capitano nella vita di tutti i giorni, e quindi anche durante
una conversazione, non sono accidentali ma eventi significativi che rivelano
conflitti psicologici interni.

Si presti molta attenzione ai racconti narrati e si valutino attentamente
le differenze e quanto siano coerenti tra di loro.

Anche il modo di parlare è sicuramente rilevante; esiste infatti un importante studio sull'uso degli aggettivi durante un racconto. Una persona che

vuole raccontare un evento, anche se lo arricchisce di dettagli è difficile che abuserà di molto aggettivi; questo perché la frenesia di raccontare la verità non vorrà fargli perdere tempo. Al contrario invece un utilizzo eccessivo di aggettivi, molti dei quali esagerati, ricercati non è sintomo di una buona conoscenza del lessico ma un tentativo di arricchire di dettagli un racconto inventato e di distogliere l'attenzione dai particolari più rilevanti. Da notare sempre l'utilizzo appropriato dei sinonimi; sei i sinonimi sono termini aulici e non combaciano tra loro, significa che l'interlocutore non ha ben chiaro nella sua mente quel particolare dettaglio, probabilmente perché lo ha inventato.

Molto importante è anche l'analisi della voce. Anche se per il momento non è stato sufficientemente comprovato, è risaputo che la voce è un vettore emotivo; cioè tramite la voce simuliamo emozioni. Cosa più importante quindi è che se mentre 'narriamo' finte emozioni ne esprimiamo altre con la voce.

Il tono di voce è sicuramente importante, quando cerchiamo di fare imporre la nostra teoria si può alzare la voce, scandirla meglio e con tempo più ritmato quasi per soffocare la tesi dell'avversario. Quando invece ci si trova in difficoltà è probabile che la voce diventi più acuta e accelerata, ma soprattutto tentenni, vi sono continue pause, ripetizioni di parole ('per-perché io..'), ed errori grammaticali tutti fattori dovuti allo stress che si subisce quando si racconta una bugia.

Per questo motivo è utile porre domande alle quali sicuramente un interlocutore risponderà dicendo la verità, grazie alle quali si può sentire l'andamento della voce durante un racconto veritiero per poi accostarlo alla voce menzognera; e cercare di notare se vi siano discrepanze.

Il fattore voce al giorno d'oggi è molto importante perché capita sempre più spesso, che le conversazioni egli attacchi da I.S. non siano di comunicazione face-to-face ma mediata da telefoni, chat, voip ecc per cui la voce rimane l'unico strumento che possiamo utilizzare

Altro fattore importantissimo è il linguaggio dei gesti. Tutti quanto possiedono dei cosiddetti 'tic'; ovvero movimenti inconsci che facciamo durante una conversazione, o durante particolari stati d'animo.

La gestualità della conversazione è un buon indice d'analisi. Si è notato nel primo capitolo come la gestualità sia tipica della persone estroverse; bene anche la gestualità ha un andamento specifico nella conversazione; e chi ne fa largo uso (i tipi estroversi) lo fa soprattutto per una questione di ritmo. Con la gestualità manuale (cerchi nel vuoto, gesti significati le parole stesse, ecc) si scandisce il ritmo e il tono della conversazione che naturalmente deve essere coordinato!. Quando questo non lo è infatti, cioè quando il discorso segue una ritmica, e invece la 'gesticolazione' un altra significa che quest'ultima è forzata; è creata ad hoc per fornire una miglior parvenza di credibilità al discorso; per distrarre la vittima dai dettagli.

Per questo motivo è importante dare molta attenzione a quando l'interlocutore inizia una narrazione lunga e ricca di dettagli; è in queste situazione che la gesticolazione è più pronunciate, e naturalmente se queste situazioni non avvengono si cerchi di crearle con apposite domande.

Oltre al gesticolare l'essere umano compie numerosi gesti inconsci che sono vere e proprie rappresentazione di stati d'animo. Ad esempio: toccarsi e passarsi le mani tra i capelli, grattarsi brevemente, manipolare piccoli oggetti, sfregare le mani; questi sono tutti segni distensivi, cioè che liberano un pò di stress accumulato, e quindi tensione. E la tensione è spesso sintomi di dissimulazione; quando cioè si nasconde la verità o si travisa, e si pensa alle conseguenze che questo comporta. Naturalmente questi gesti sono inconsci e pertanto capitano spesso sia che l'individuo menta, sia che l'individuo dica la verità, Per questo motivo è importante notare la cadenza e la frequenza con cui questi gesti avvengono, e in particolare se viene ripetuto sempre lo stesso oppure se ne compie diversi.

Ci sono inoltre i classici gesti spontanei molto comuni a tutti le persone che si compiono per esprimere determinati stati d'animo; ad esempio: stringere il pugno significa rabbia, distogliere l'attenzione dall'interlocutore significa senso di colpa, coprirsi il volto con le mani significa vergogna o imbarazzo, così come sudare, accaldarsi, e cambiare colore; che però può anche significare tensione; sedersi in posizioni non rilassanti ma scomode è una gesto di auto-incitazione infatti sedendosi scomodamente non ci si rilassa e non si perde concentrazione.

Accavallare in continuazione le gambe o cambiare posizione è un segno distensivo; così come sgranchirsi i muscoli, schioccare le dita, scrollarsi le spalle. Si cerchi di inquadrare per bene quali siano gli effettivi 'tic' reali dell'interlocutore (anche prendendo appunti) e quali invece quelli indotti da stress da menzogna, o da emozioni opposte a quelle narrate.

Ultimo fattore che analizzeremo e che forse è il più importante è l'analisi del viso e dei movimenti facciali involontari.

Le espressioni del viso sono fondamentali e spesso, da sole, narrano più di quanto si possa scrivere o parlare. Ogni singola emozione presenta particolare caratteristiche facciali, non solo, coi gesti facciali si riesce persino o creare le piccole sfaccettature che esistono fra i vari stati d'animo (ad esempio paura di vincere, paura di perdere)

Ma quali sono questi tratti del viso? Certo enunciarli tutti è piuttosto difficile e complicato. Si inizia col dire che un espressione vera da una fasulla (e quindi falsificata) è quella in cui i muscoli facciali sono rilassati e compiono il movimento senza contrazioni o 'indecisioni' particolari.

A questo punto passiamo ad analizzare un quadro riassuntivo di un immagine che raccoglie i più importanti tracciamenti dei movimenti facciali; ovvero in gergo tecnico la Facial Action Coding System:

La Facial Action Coding System procede così, si decompongono le espressioni del viso in sotto-categorie chiamate AU (Action Unit) ognuna delle quali rappresenta una particolare, contrazione o espressione di un organo facciale particolare.

A questo punto si codifica ogni emozioni in base al possesso o meno di una o più AU si stima quale possa essere la probabile espressione o stato d'animo sentito. Le AU fino ad ora codificate sono 44, in questo paragrafo non le si vedranno tutte, ma solo le più importanti riassunte di seguito da alcune immagini:

Figura 4.1: Come si presentano i principale caratteri espressivi sotto-forma di unità base ovvero gli AU.

Upper Face Action Units					
AU 1	AU 2	AU 4	AU 5	AU 6	AU 7
Inner Brow Raiser	Outer Brow Raiser	Brow Lowerer	Upper Lid Raiser	Cheek Raiser	Lid Tightener
*AU 41	*AU 42	*AU 43	AU 44	AU 45	AU 46
Lid Droop	Slit	Eyes Closed	Squint	Blink	Wink
Lower Face Action Units					
AU 9	AU 10	AU 11	AU 12	AU 13	AU 14
Nose Wrinkler	Upper Lip Raiser	Nasolabial Deepener	Lip Corner Puller	Cheek Puffer	Dimpler
AU 15	AU 16	AU 17	AU 18	AU 20	AU 22
Lip Corner Depressor	Lower Lip Depressor	Chin Raiser	Lip Puckerer	Lip Stretcher	Lip Funneler
AU 23	AU 24	*AU 25	*AU 26	*AU 27	AU 28
Lip Tightener	Lip Pressor	Lips Part	Jaw Drop	Mouth Stretch	Lip Suck

Riconoscere le Au è quindi fondamentale; una volta trovate, bisogna ricomporle a formare l'ipotetica emozione come nella seguente figura:

Figura 4.2: Come si codificano gli AU in espressioni che indicano emozioni.

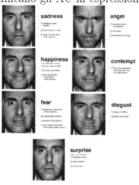

Si possiedono ora le linee guida per riuscire a riconoscere ogni singola emozione e codificare le espressioni visive; e se per caso si è convinti che non sia una cosa reale ma che ognuno di noi possiede le sue particolari espressioni soggettive, questa immagine ne è una prova:

Figura 4.3: Alcuni immagini di personaggi famosi che incarnano le espressioni codificate in AU.

4.2 Organizzazione delle politiche interne

In materia aziendale per prevenire attacchi di I.S. come ripetuto precedentemente il primo lavoro da fare è quello di inculcare la giusta mentalità ai dipendenti; convincendogli a coltivare sempre e comunque il dubbio; e che se ci sono politiche aziendali in merito a trattamento dati, servizi e particolari situazioni (che ora si descriveranno) queste vanno rigorosamente rispettate; senza fare alcuna eccezione o favoreggiamento, perché è li che l'I.S colpirà.

Si passa quindi a fornire alcune linee guida su come organizzare la gestione delle informazioni e dei servizi. In questo settore le parole chiavi sono: classificazione e catalogazione.

Classificare e creare politiche sono il metodo migliore per organizzare dati e servizi. Classificando i dati , li differenzio in base alla loro importanza, e su questa creo politiche pseudo-sicure che si obbligano i dipendenti a rispettare caldamente.

Si inizia coi dati. In un'azienda o un settore simile è normale che circoli un gran quantità di dati, e che questo sia vitale per il suo sviluppo. Mettere dei paletti e dei limiti servirebbe solo a ridurre la qualità dell'operato. D'altronde è anche vero però che non tutti i dati hanno la stessa importanza; la password di amministratore della rete interna non è una dato sensibile quanto l'orario di lavoro dello stesso amministratore. Si tratta quindi di fare una classificazione. Ci sono dati che assolutamente non vanno divulgati per nessuno motivo; ad esempio password, dettagli progetti segreti, progetti futuri, e tutte le informazioni personali riservate (codice fiscale, previdenza sociale ecc). Questi dati vanno classificati top secret, e nessuno che è in possesso di questi deve comunicarli sotto richiesta di un terzo; per alcune ragion, poiché questi vengono classificati come dati one-way; ovvero, non si acquisiscono per richiesta personale, ma per cessione consapevole di un possessore.

Successivamente a questi abbiamo i dati interni aziendali, quelli cioè che necessitano, e per questo si è autorizzati a rilasciare esclusivamente all'interno dell'azienda stessa; questi dati vengono rilasciati esclusivamente a personale interno e per fare questo bisogna adottare una politica di identificazione del dipendente interno(che si vedrà in seguito).

Dopo questi ci sono i dati cedibili all'esterno però solamente a soggetti identificati; ovvero altre aziende partner, clienti fidati ecc; e per questo motivo anche qui è necessario adoperare una buona politica di identificazione dell'ente.

Teoricamente ultimi, ma può non essere così a seconda dell'azienda, ci sono i dati poco sensibili e che è acconsentito fruire all'esterno di chiunque ne faccia richiesta. Questi dati sono quasi accessibili a tutti ma è una buona norma tenere traccia di quanti ne vengono rilasciati e a chi; magari limitando i possibili 'punti' d'uscita, cioè limitando il numero di personale autorizzato a divulgare queste informazioni.

Parallela a questa classificazione si è detto che è necessario sviluppare una serie di politiche concordate, che esplicitino lo svolgersi di particolari situazione e delle procedure di identificazione dell'utente e di verifica dell'autorizzazione.

La verifica del personale interno deve essere molto rigorosa; password, badge a banda magnetica personale, chiave privata ecc, usare una combinazione tassative di tutte le possibili procedure di identificazione, mai una sola.

LA verifica dell'autorizzazione del possesso di una determinata informazione deve essere tassativamente chiusa e rigorosa: il dato A può possederlo solamente un utente di autorità $>= N$; se questa autorizzazione (previo procedure di identificazione dell'utente) non risulta soddisfatta per nessuna ragione va aggirata.

Questo vale per qualsiasi servizio; assegnare una priorità, un livello di autorizzazione per ogni servizio è un fattore importante per stabilire in maniera rigorosa quali procedure debba soddisfare l'esecuzione di quel determinato servizio. Applicare politiche di corretta distruzione dei dati per evitare il dumpster diving; evitare di utilizzare software vecchi e non aggiornati, applicare adeguate politiche di controllo degli accessi, istruire qualsiasi personali di qualsiasi settore; dall'esperto di rete al netturbino.

Applicare una adeguata politica di licenziamento del personale; è noto che il risentimento del personale licenziato per (secondo il licenziato) ingiusti motivi crea una breccia nella sicurezza dell'azienda.

Per concludere, è importante non lasciare alcun processo o servizio che non sia 'patchato' da un'opportuna procedura di verifica; e fare in modo che questa sia rigorosamente rispettata.

Si è inserito nell'appendice un utile diagramma di più pagine, col quale un dipendente e un utente in generale, può avere un'immagine chiara e semplice di quale debba essere il ciclo da compiere, ogni volta che ci è una richiesta di informazione; al fine di prevenire gli attacchi di I.S.

Conclusioni

Al giorno d'oggi l'ingegneria sociale possiede ancora la più grossa fetta degli attacchi portati avanti con successo. Come spiegato, a spartirsi questa torta non sono soltanto hacker con importanti conoscenze informatiche, ma è sufficiente possedere una buona capacità manipolatoria del carattere umano per essere un potenziale I.S.

La particolarità dell'I.S è che non possiede limiti di controllo; il fattore umano è quello più vulnerabile,e non è particolarmente sensibile a delle corrette politiche di prevenzione di attacchi.

Per quanto si possa educare, organizzare, classificare i dati della propria azienda, l'animo umano è portato per sua stessa natura a curiosare e approfondire; ma soprattutto è vittima di tutte le emozioni che continuamente ci circondano. E le emozioni sono quei fattori che annebbiano il buon senso e la razionalità; portandoci a fare cose che altrimenti non si dovrebbero compiere.

L'ingegneria sociale dimostra quanto si è vulnerabili, tutti, governo, im- prese e ciascuno di noi individualmente, alle intrusioni degli ingegneri so- ciali. In questa epoca attenta alla sicurezza, investiamo enormi somme in strumenti pensati per proteggere le nostre reti informatiche e i nostri dati. Questo lavoro ha cercato di illustrare quanto sia facile ingannare chi dispone dell'accesso alle informazioni e grazie a lui aggirare tutto questo sbarramentoIper-tecnologico.

È per questi motivi che la prevenzione da attacchi di ingegneria sociale, e in generale tutta la sicurezza necessitano di una accurata e approfondita progettazione, chi non lo fa programma il fallimento [htta].

L'I.S. ha ancora tanto rami in sospeso e sui quali c'è da lavorare. Soprattutto per quel che riguarda il livello informatico-psicologico della conversazione sono ancora tanti i dubbi su come davvero sia possibile riconoscere
una menzogna da una sincera verità.

Ci sono due tipi di possibili sviluppi futuri che riguardano i due settori
qui coinvolti; quello psicologico e quello informatico.

A livello psicologico non si è ancora riusciti a ben definire delle linee guida
effettive su come i differenti tratti della voce siano indicativi di stati d'animo.
Oltre alla tonalità, al volume, e a caratteristiche tipo tentennamenti, non si
è ancora verificato che esistano le stesse caratteristiche che si trovano nei
lineamenti facciali; come tic improvvisi e involontari, ripetizioni ecc

Un altro aspetto importante che sicuramente in futuro sarà ben docu-
mentato è quello dei social network. Al giorno d'oggi si conoscono numerosi
attacchi da ingegneria sociale applicabili tramite social network, ancora però
non si è capito quale sia il profilo dell'utente medio; e chi veramente si is-
crive e utilizza i social network. C'è bisogno di scoprire come la gente ricerca
i contenuti, come e perché li condivide, e come questi vengono trasmessi
nella gerarchia degli amici. Approfondire questa questione porterebbe sicuramente dei vantaggi su come mirare gli attacchi, e quindi naturalmente
anche le difese, sfruttando direttamente i social network e tutto quello che vi
è collegato.

A livello informatico invece i possibili sviluppi futuri potrebbero essere
due: uno riguarda la parte dell'attaccante e consisterebbe nel creare un software per la gestione, analisi, e la ricerca automatica di dati riguardanti una
vittima molto più performante degli attuali software quali maltego, basKet
ecc. Momentaneamente infatti questi software incrementano le proprie informazione attraverso ricerche esaustive e statistiche; che però non sono complete e soddisfacenti. Inserire intelligenza artificiale all'interno di quesi programmi anche attraverso programmi di logica potrebbe sicuramente ampliare
notevolmente il range d'acquisizione della informazioni.

L'ultimo possibile sviluppo futuro potrebbe essere lo speculare di quel-

lo precedente, visto però dalla parte della difesa. Realizzare un software
con l'aiuto dell'intelligenza artificiale che sfrutti tutte le tecniche di difesa e
prevenzione descritte nel terzo capitolo,che potrebbe sicuramente aiutare un
azienda a fidarsi di meno del fattore umano.

Appendice A

Il Modello

Questa appendice è il sunto del lavoro di ricerca di un modello di inter-relazione dipendente-cliente; e si basa oltre che su ricerche personali, sull'integrazione del lavori di Paul Ekamn [Ekm09] e di Kevin Mitnick [Mit02].

Questa appendice propone un diagramma generale con il quale un dipendente si orienta su come prevenire attacchi da I.S. Il diagramma è formata da quattro sezioni; ognuna delle quali è un ciclo in cui si verificano che le caratteristiche della particolare area di analisi siano verificate. L'analisi all'interno del ciclo descrive sempre probabili sintomi e probabili ipotesi per quel che riguarda i due test fisico-caratteriali, e sintomi più operazioni da effettuare per i due test di associazione dato-individuo.

È necessario che tutte 4 le varie aree siano soddisfatte per fare in modo che la richiesta sia considerata legittima; in caso contrario si sospetta un attacco da I.S. e quindi si passa alla fase del contrattacco e delle contromosse descritte nel quarto capitolo.

Le aree su cui si effettuano i test sono:

- Tecniche di analisi gestuali ed espressive;

- Tecniche di analisi fisiche e caratteriali;

- Collegare l'informazione al richiedente;

- Procedure di verifica del servizio richiesto;

Figura A.1: Diagramma generale della procedura di prevenzione da attacchi di Ingegneria Sociale.

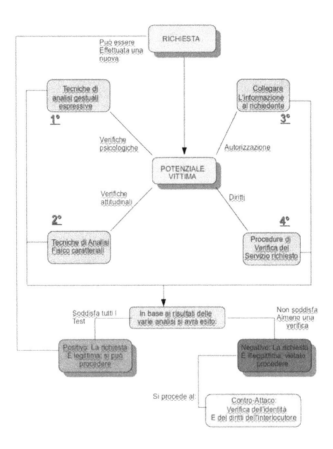

Si noti come il processo di analisi sia un ciclo; che parte dal momento del primo impatto visivo e vocale; passando successivamente alla parte del linguaggio del dialogo avanzato per finire poi all'analisi delle effettive richieste dell'interlocutore. Il ciclo è complessivo; ovvero il risultato si ha solo una volta che si è analizzata ogni fase.

Figura A.2: Fase dell'analisi delle tecniche gestuali ed espressive.

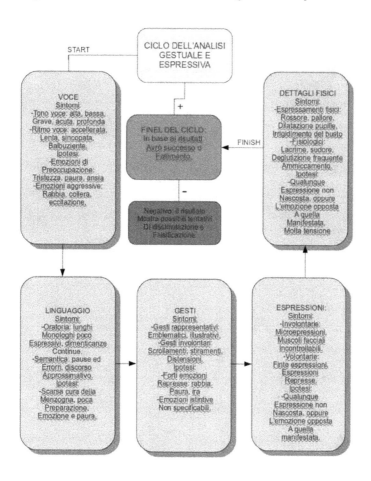

Si noti come vengano analizzati le principali caratteristiche prodotte dai 5 sensi dell'essere umano; una sorta di analisi "sintattica".

Figura A.3: Fase dell'analisi delle tecniche fisiche e caratteriali.

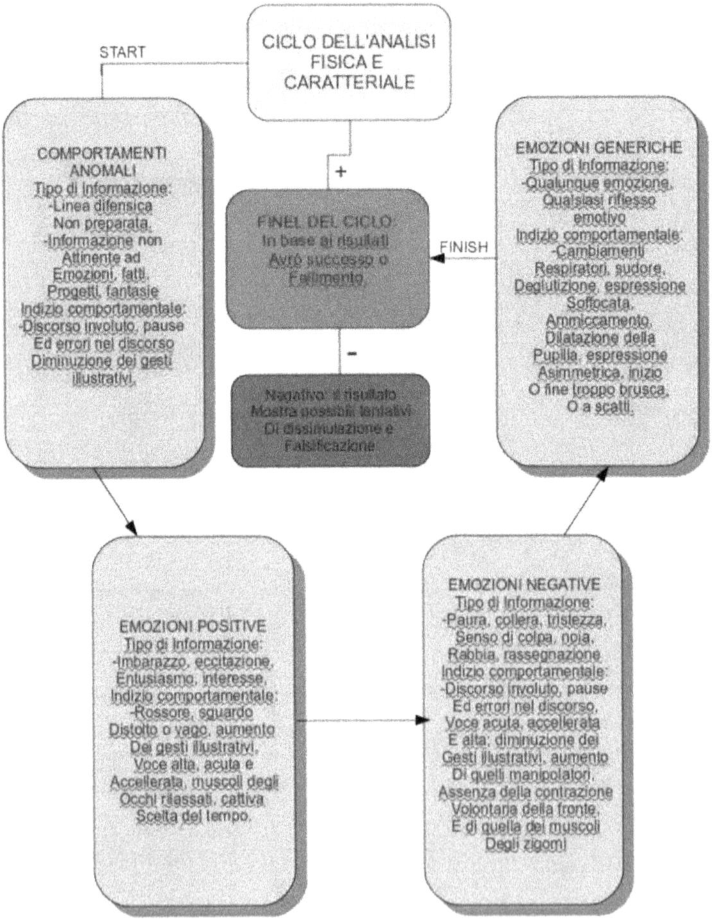

Si noti come vengano analizzati le principali caratteristiche del comportamento dell'essere umano; una sorta di analisi "semantica".

Figura A.4: Fase del collegamento tra classificazione informazione e autorità richiedente.

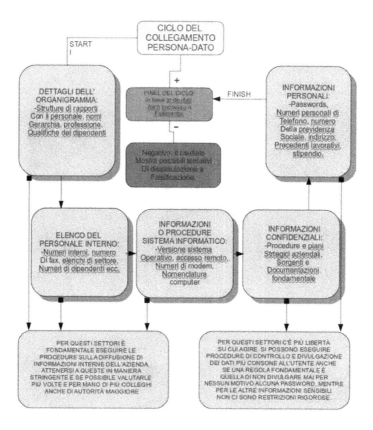

Si noti come la chiave di lettura di questa fase sia: individuare il dato richiesto, associarne la priorità in base alla classificazione del protocollo aziendale, e infine verificare che si posseggano i diritti per possedere questa priorità.

Figura A.5: Fase della verifica dell'autorizzazione al servizio richiesto.

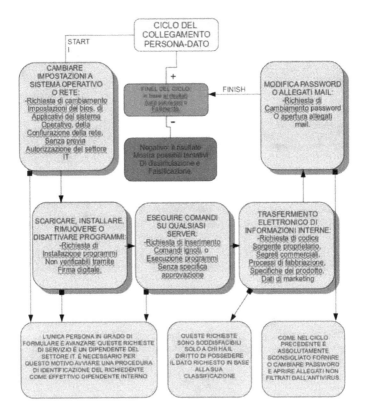

Anche qui la chiave di lettura è riuscire a individuare prima di tutto il servizio richiesto, magari scindendolo in sotto servizi base; e successivamente procedere con l'assegnazione di priorità e la verifica dei permessi.

L'intento di questo diagramma è fornire una visione immediata ad un dipendente o utente comune. Come già ampiamente affermato questa visione deve essere accompagnata dalla dovuta istruzione formativa che insegna come utilizzare le tecniche di riconoscimento e classificazione; ma che soprattutto inculca la giusta mentalità preventiva.

Per la descrizione dettagliata di questi aspetti si rimanda al quarto capitolo

Bibliografia

[BB91]   J. Barton Bowyer. *La meravigliosa arte dell'inganno.* 1991.

[Bos]   Maurizio Boscarol. Psicologia di facebook.

[BR80]   Grinder J. Bandler R. *La metamorfosi terapeutica.* 1980.

[Cia95]   R.B. Cialdini. *Le armi della persuasione.* 1995.

[DCN00]   L. De Cataldo Neuburger. *Esame e controesame del processo penale.* 2000.

[EK96]   Smith E.E. Edwards K. A disconfirmation bias in the evaluation of arguments. *Journal of Personality and Social Psychology, 71,5-24,* 1996.

[Ekm09]   Paul Ekman. *Telling lies. Clues to Deceit in the Marketplace, Politics, and Marriage.* 2009.

[Fit76]   D. Fitzkee. *The trick brain. A thorough handbook on the mecanism of the magic.* 1976.

[he]   http://www.social engineer.org/framework.

[Hoo]   Bruce M. Hood. Undefined. Ricerca su cosa crede chi crede nell'irrazionale.

[Hoo09]   Bruce M. Hood. *Supersenso.* HarperCollins Publishers, 2009.

[htta]   http://it.wikiquote.org/wiki/Kevin$_{Mitnick}$.

[httb] http://www.leggo.it/articolo.php?id=140782sez=ESTERI.

[Lut01] E.N. Luttwak. *Strategia. La logica della guerra e della pace*. 2001.

[Mac99] Rock I. Mack, A. *Attenzione e percezione*. 1999.

[Mit02] Kevin D. Mitnick. *The art of deception*. 2002.

[Mit05] Kevin D. Mitnick. *The art of intrusion*. 2005.

[PE03] Wallace V. Friesen Paul Ekman. *Unmasking the Face: A Guide to Recognizing Emotions From Facial Expressions*. Malor Books, 2003.

[Rama] Ruben C Rampin, M. *Fraudologia*.

[Ramb] Ruben C Rampin, M. *Fraudologia*.

[ROS+09] Craig Ross, Emily S. Orr, Mia Sisic, Jaime M. Arseneault, Mary G. Simmering, and R. Robert Orr. Personality and motivations associated with facebook use. *Computers in Human Behavior*, 25(2):578 – 586, 2009.

[RS] http://stallman.org/facebook.html Richard Stallman.

[S.76] Freud S. *The psychopathology of Everyday Life(1901), vol. 6 of The Complete Psychological Works*. W.W. Norton, 1976.

[Wat80] P Watzalwick. *Il linguaggio del cambiamento*. 1980.

[WW06] Wang and Wallace. *Il manuale del giovane hacker*, chapter 3. 2006.